进一寸有一寸的欢喜

张乐燕

改革开放进程中的经济学家学术自传

张卓元　高培勇　主编

张宇燕学术自传

张宇燕◎著

ACADEMIC AUTOBIOGRAPHY OF ZHANG YUYAN

SPM
南方出版传媒
广东经济出版社
·广州·

图书在版编目（CIP）数据

张宇燕学术自传 / 张宇燕著. —广州：广东经济出版社，2021.4

（改革开放进程中的经济学家学术自传）

ISBN 978-7-5454-7713-9

Ⅰ. ①张… Ⅱ. ①张… Ⅲ. ①张宇燕—自传②经济学—文集 Ⅳ. ①K825.31②F0-53

中国版本图书馆CIP数据核字(2021)第050237号

策划编辑：周　晶

责任编辑：周伊凌　孙　媛　魏　维

责任校对：李玉娴

责任技编：陆俊帆

张宇燕学术自传

ZHANG YUYAN XUESHU ZIZHUAN

张宇燕　著

出版人	李　鹏
出　版 发　行	广东经济出版社（广州市环市东路水荫路11号11～12楼）
经　销	全国新华书店
印　刷	恒美印务（广州）有限公司 （广州市南沙经济技术开发区环市大道南路334号）
开　本	787毫米×1092毫米　1/16
印　张	14
字　数	140千字
版　次	2021年4月第1版
印　次	2021年4月第1次
书　号	ISBN 978-7-5454-7713-9
定　价	98.00元

图书营销中心地址：广州市环市东路水荫路11号11楼

电话：（020）87393830　邮政编码：510075

如发现印装质量问题，影响阅读，请与本社联系

广东经济出版社常年法律顾问：胡志海律师

《改革开放进程中的经济学家学术自传》丛书

编辑委员会

《改革开放进程中的经济学家学术自传》丛书分册名录

（按姓氏音序排列）

1.《白重恩学术自传》
2.《蔡昉学术自传》
3.《常修泽学术自传》
4.《陈东琪学术自传》
5.《陈锡文学术自传》
6.《迟福林学术自传》
7.《樊纲学术自传》
8.《范恒山学术自传》
9.《房维中学术自传》
10.《高培勇学术自传》
11.《高尚全学术自传》
12.《郭克莎学术自传》
13.《洪银兴学术自传》
14.《黄达学术自传》
15.《黄群慧学术自传》
16.《贾康学术自传》
17.《江小涓学术自传》
18.《金碚学术自传》
19.《李实学术自传》
20.《李晓西学术自传》
21.《厉以宁学术自传》
22.《林兆木学术自传》
23.《刘诗白学术自传》
24.《刘世锦学术自传》
25.《刘树成学术自传》
26.《刘伟学术自传》
27.《马建堂学术自传》
28.《彭森学术自传》
29.《宋晓梧学术自传》
30.《田国强学术自传》
31.《王梦奎学术自传》
32.《王一鸣学术自传》
33.《魏杰学术自传》
34.《魏礼群学术自传》
35.《乌家培学术自传》
36.《吴敬琏学术自传》
37.《杨瑞龙学术自传》
38.《张军学术自传》
39.《张军扩学术自传》
40.《张晓山学术自传》
41.《张燕生学术自传》
42.《张宇燕学术自传》
43.《张卓元学术自传》
44.《赵人伟学术自传》
45.《郑新立学术自传》
46.《周叔莲学术自传》

总　序

Preface

盛世出华章。中国的改革开放是一场波澜壮阔、前无古人的伟大社会变革，也将是世界经济发展史上的瑰丽篇章。中国经济学家在这场伟大变革中，或贡献了智力，或参与了实践，无论是参政建言还是学术构建，均厥功甚伟。

在我们先后迎来改革开放40周年和中华人民共和国成立70周年之际，为了记录并彰显中国经济学家的历史贡献，为中国特色社会主义事业进一步发挥智慧的力量和作用，同时借以勉励后学筑梦前行，我们组织并编辑了这套《改革开放进程中的经济学家学术自传》丛书。

这套丛书的出版设想，最初由广东经济出版社提出。在此之前，得力于中国社会科学院经济研究所张卓元教授等的大力支持，该社曾于2009年编辑出版《影响新中国60年经济建设的100位经济学家》丛书。那套丛书产生了良好的社会反响，也获得了较高的学术评价。弹指一挥间，又是一个十年，共和国迎来了70华诞，改革开放也逾40周年。在这样一个特殊的背景下，广东经济出版社邀请张卓元教授和高培勇教授领衔，由《经济研究》编辑部具体负责，组织、编辑一套集中反映改革开放进程中的经济学家学术探索和心路历程的丛书。

认识到这是一件颇具眼光、很有意义的事情，于是，便有了读者眼前这套《改革开放进程中的经济学家学术自传》丛书编辑出版工作的启动。

中国经济改革与发展的伟大实践，为中国经济学家的成长提供了肥沃的土壤。要从这些灿若繁星的经济学家中推选出大家比较公认的富有影响力的经济学家，并不容易。怎样推选？推选多少？具体标准是什么？如何约稿？丛书的体例又该如何把握？这一系列相关问题接二连三地提至我们面前。

为此，在初步拟订编辑出版方案的基础上，由张卓元教授和高培勇教授主持，邀请部分专家召开了小范围的论证会议，就组建丛书编辑委员会以及丛书编辑出版的一系列相关问题听取意见，进一步完善方案。

紧跟着，2017年6月25日，丛书编辑委员会会议在北京举行。出席会议的委员共有19位（按姓氏音序排列）：白重恩、常修泽、陈东琪、陈锡文、迟福林、高培勇、郭克莎、黄群慧、金碚、李晓西、刘伟、彭森、宋晓梧、田国强、魏礼群、吴敬琏、张军扩、张燕生、张卓元。因故请假、提供书面意见的委员有10位（按姓氏音序排列）：蔡昉、曹远征、贾康、李实、李扬、厉以宁、林毅夫、刘世锦、钱颖一、张军。

这次编辑委员会会议就如下一些重要问题形成了高度共识：

第一，关于丛书的意义。委员们高度认可丛书的编辑出版工作，认为这是一项富有重要历史和现实意义的出版工程。

第二，关于丛书入选者的标准和数量。委员们认为应本着宁缺毋滥、质量为先原则，以对改革开放事业的某个特定领域做出实质性贡献或产生实质性影响的经济学家为重点，入选者宜掌握在60位左右。

第三，关于丛书的体例。基于凸显学术价值和史料价值的考虑，委员们认为学术自传宜涵盖作者的学术成长历程、作者对改革开放事业某个特定领域的研究成果和学术贡献、作者对特定领域改革前景的展望等方面内容。

第四，关于丛书的读者对象。委员们认为应主要面向青年学者以及学生，谈人生经验、述理想情怀，激励广大青年学者和学生确立奋斗的目标、发展的方向和成功的路径。

第五，关于丛书的文风。委员们主张学术自传应具有较强的理论性、学术性，同时文笔流畅、深入浅出，具有一定的可读性。

在经过充分讨论形成的候选经济学家名单基础上，与会委员按照获得半数以上多数票入选的规则，以无记名投票方式表决确定了65位入选者。

会议还决定，请因故请假的委员继续对候选经济学家名单通讯投票，并根据此项流程的统计结果，提请全体编辑委员会委员再进行一次通讯评审，最终确定丛书入选者为68位。

由此产生的《改革开放进程中的经济学家学术自传》丛书入选作者为（按姓氏音序排列）：白重恩、蔡昉、曹远征、常修泽、陈东琪、陈清泰、陈锡文、迟福林、樊纲、范恒山、房维中、高培勇、高尚全、郭克莎、郭树清、韩俊、洪银兴、华生、黄达、黄群慧、贾康、江小涓、金碚、李剑阁、李京文、李实、李晓西、李扬、厉以宁、林毅夫、林兆木、刘国光、刘鹤、刘诗白、刘世锦、刘树成、刘伟、隆国强、楼继伟、马建堂、彭森、 钱颖一、宋晓梧、田国强、王梦奎、王一鸣、魏杰、魏礼群、乌家培、吴敬琏、吴晓灵、杨启先、杨瑞龙、易纲、余永定、张军、张军扩、张维迎、张晓山、张燕生、张宇燕、张卓元、赵人伟、郑新立、周其仁、周叔莲、周小川、朱玲。

在确定入选者名单之后，《经济研究》编辑部立即展开了组稿工作，共有46位入选者接受约稿。在这一过程中，入选的经济学家或其家属、秘书、好友等，对我们的工作给予了热情的支持，在百忙之中积极准备所需要的文献，其认真精神令人感动。应该说，没有他们的积极响应和大力支持，这套丛书是难以按时按质完成的。

由于入选的经济学家大多是名人、忙人，有一部分老作者也已年届九十高龄，约稿的工作量及其难度可想而知。一些作者提出暂不能写作，这多少令我们感到些许遗憾。其间也有许多感人的情景要告诉读者们：常修泽先生于2018年夏天在吉林延边的一个小镇闭门两三个月专事自传写作，在整个写作过程中数十次与编辑部和出版社沟通，包括内容完善、结构设计和一些合理性建议等诸多细节，并且在约定期限内交稿给编辑部；九十五岁高龄的黄达教授在写作过程中十余次通过电话或电子邮件与编辑部讨论写作重点和风格；乌家培、林兆木、王梦奎等老先生也是不厌其烦，反复就文字沟通润色；周叔莲先生在去世前一周还给编辑部打电话，告诉编辑自己已经基本完成了书稿的写作，并详细介绍了自己的写作过程和感想，我们至今忆此仍为之动容。在这些难得的沟通中，我们一次次被感动。

随着此套丛书的陆续编辑出版，我们越来越强烈地体会到了这项工作的意义和价值：

入选这套丛书的作者，系改革开放进程中的经济学家，他们的知名度较高，社会影响较大。这套自传体丛书，是对他们的代表性研究成果、学术贡献、成长历程及人格魅力的一个集中展示。对于广大读者特别是青年学子来说，这无疑是一个难得的学习、了解我国经济理论和现实问题的机会。

这些经济学家在各自的学术领域都是佼佼者或领军者，他们学术素养深厚、学术成就卓越。他们在自传中大多以第一人称娓娓道来，讲述了自己的家国情怀与学术成长经历，为记录我国改革开放历程留下了第一手资料。从经济史和思想史的角度看，这应该是非常有史料价值的研究文献。

众多大家的纸上风华，既映射出中国改革开放40多年取得的巨大成就，也是对中国改革与发展经验比较系统的总结。正如习近平总书记所指出的："从我国改革发展的实践中挖掘新材料、发现新问题、提出新观点、构建新理论，加强对改革开放和社会主义现代化建设实践经验的系统总结，加强对发展社会主义市场经济、民主政治、先进文化、和谐社会、生态文明以及党的执政能力建设等领域的分析研究，加强对党中央治国理政新理念新思想新战略的研究阐释，提炼出有学理性的新理论，概括出有规律性的新实践。这是构建中国特色哲学社会科学的着力点、着重点。"应该说，本套丛书的作者们用生动而精彩的人生与学术追求，践行了这一重要要求。

这套丛书的编辑出版与《经济研究》编辑部各位同仁的努力也是分不开的。他们通过电话、短信和邮件等方式不断地与作者或其家人、秘书等进行沟通。参加组稿和审稿工作的人员有:郑红亮、刘霞辉、张永山、唐寿宁、王利娜、谢谦、金成武、孙三百、陈小亮、欧宏、王红梅、刘莹、曹帅。

广东经济出版社的领导和编辑在本丛书的出版过程中也做了大量的工作，正是有了他们的努力，这套丛书才能得以顺利与读者见面。

特别值得一提的是，这样一套组织工作浩繁的大型丛书，见证了《经济研究》编辑部与广东经济出版社值得称道的团队合作精神。编辑部的张永山、王红梅同志和广东经济出版社的编辑团队从始至终为丛书的组织沟通、约稿、文稿整理付出了大量的心血，他们的耐心和一丝不苟的敬业精神令人称道。

这套丛书就此付梓了，回望中国改革开放的辉煌岁月，携手丛书作者对祖国的拳拳心路与期待，我们略感欣慰！但由于时间仓促，加之我们的水平有限，书中的不足和错误之处在所难免，敬请广大读者批评指正。

《改革开放进程中的经济学家学术自传》丛书编辑委员会

2019年10月

作者简介

张宇燕

1983年毕业于北京大学经济系世界经济专业，获经济学学士学位；分别于1986年和1991年毕业于中国社会科学院研究生院世界经济与政治系，获经济学硕士学位和博士学位；1986年8月进入中国社会科学院世界经济与政治研究所从事研究工作；1992年2月至1993年1月在美国马里兰大学经济系做访问学者，并在中国世界经济学会中青年委员会做召集人；1994年任中国社会科学院世界经济与政治研究所所长助理；1997年10月至1999年10月任中华人民共和国驻纽约总领事馆领事，研究美国经济；1999年11月至2003年1月任中国社会科学院院长学术秘书，2000年至今每年在中国社会科学院研究生院（后改为中国社会科学院大学）讲授国际政治经济学课程，2001年4月兼任中国社会科学院美国研究所副所长；2003年1月任中国社会科学院亚洲太平洋研究所党委书记、副所长；2007年8月任中国社会科学院亚洲太平洋研究所所长，兼任《当代亚

2010年，张宇燕在雅典参加中国希腊文明对话

太》主编；2009年5月至今任中国社会科学院世界经济与政治研究所所长。

主要从事国际政治经济学、制度经济学、经济史研究和相关对策研究。出版专著《经济发展与制度选择》（1992），《共享繁荣：世界经济的现状和未来》（1998，第一作者），《美洲金银和西方世界的兴起》（2004，第一作者），《全球化与中国发展》（2007年，主笔），《国际经济政治学》（2008，第一作者），《美国行为的根源》（2015，第一作者），《中国的和平发展道路》（2017，第一作者），《全球经济治理结构变化与我国应对战略研究》（2017，主笔）。出版文集和对话集《经济学与常识》（1996），《说服自我》（1997），《旧邦新命：两位读书人漫谈中国与世界》（2004，第一作者），《美国经济论集》（2008），《键盘上的经济学》（2010）。在《中国社会科学》《经济研究》《管理世界》《经济学（季刊）》《世界经济与政治》《世界经济》《国际经济评论》《当代亚太》《国际政治科学》《改革》等期刊发表学术论文20余篇，在《人民日报》《求是》《光明日报》《经济日报》《中国日报》《读书》等报刊发表学术文章200余篇。

张宇燕学术自传

目录

引　子

大约两年前，我收到《改革开放进程中的经济学家学术自传》丛书编辑委员会的邮件，得知经编委会无记名投票，我成为这套丛书的入选作者之一。虽然不认为自己有足够的资历或到了足够的年龄去撰写学术自传，但能对自己从事的学术研究进行总结，并借此规划一下未来的思考方向与研究课题，特别是借此和青年朋友们分享一下我学习和思考政治经济学40余年的心得体会和经验教训，应该讲，这是一个难得的机会。于是我欣然地接受了邀请。

随着年龄的增长，我对自传或回忆录一类书籍的兴趣也越来越浓厚，特别是那些我比较熟悉又较为欣赏的思想家和政治家谈论自己的书，其中就包括英年早逝的哲学家同时也是历史学家罗宾·柯林武德的《柯林武德自传》。虽然没有关于“学术自传”的严格定义，但我以为罗宾·柯林武德在书中所写的一句话，恰当地为我这样一个对写学术自传知之甚少的人指明了方向：一个以思想为毕生事业的人，他的自传应当记叙的是他的思想历程。遵循他的“建议”，我决定把那些与学术研究关系不大的内容全部省略掉，而只谈自己所接受的高等教育与随后的专业训练，谈书写和发表的论著以及写作背景，谈读过的——当然不可能全部涉及——并且受到影响的书籍，谈进行的各种各样的思考以及所计划的未来研究。这样一来，本篇自传述说的起点就只能始于大学学习。

关于1979年考入大学前的事情，在此我仅提两件。一是我高中的班主任刘福增老师在高考前一天的晚上特地到我家来帮我释放压力，那一幕令我终生难忘。二是填报入学志愿时我对世界经济可以说一无所知。鬼使神差地把世界经济作为第一志愿，把法学作为第二志愿，如果说有原因的话，那就是"世界"这个定语。在40多年前的中国，"世界"对一个北京高中毕业生来说，是既十分神秘又激发想象的词语。可以说，以经济学特别是世界经济和制度经济学作为我学术生涯的研究主角多少有些偶然。

壹

求学

一 从北大到社科院

在北大的四年学习过程中，我从经济系的每一位任课老师那里都学到了让我受益终身的知识与思想。就所上课程而言，对我后来的研究产生直接且久远影响的老师有四位，他们是陆卓明、厉以宁、洪君彦、晏智杰。陆老师给我们开的课是世界经济地理。刚刚学完初高中地理的我上课时感觉是在听一门全新的课程。陆老师看待世界的视野与角度，讲课风格的独特与幽默，对所讲述内容的稔熟与博学，可谓历历在目，课堂笔记我至今都保留着。厉老师给我们讲的是西方经济学。20世纪80年代初在中国大学课堂上开这门课的，厉老师应该是极少数之一。我感触最深的是了解西方经济学理论架构对日后学习国别经济课程帮助极大，至今难忘的另一件事是期末考试完我着实为成绩担忧了一番，因为题型与其他课程的试卷差异很大。在上美国经济课之前我就多次听说过洪老师的课讲得很棒，听课后发现果不其然，而且直到今天我仍然能够脱口而出近四十年前洪老师上课时讲过的名言佳句。长年来我始终把美国特别是美国经济作为关注焦点，在一定意义上讲就是因为太喜欢洪老师的课了。晏老师的经济思想史课是第六学期讲的，主要参考书目是陈岱孙教授主编的《政治经济学史》上下册——一部我后来读过多遍的书。听晏老师如数家珍地评述政治经济学发展历程中的重要人物是一种享受。他描述躺在床上读凡勃伦《有闲阶级论》的彼情彼景始终挥之不去，以至十年后我专门写过一篇关于它的书评。从某种意义上讲，我对制度经济学的兴趣源于晏老师的课。我在北大读书时陈岱老已经不再授课了，不过我还是有幸听过几次他的讲座和评论，比如西奥多·舒尔茨来经济系办讲座时就是陈岱老主持和评论的。“我这辈子只干了一件事：教书。”陈岱老的这句话振聋发聩直指人心，成为我后来坚持20多年开课的动力之源。

如果说本科四年主要是学习知识的阶段，那么我在中国社会科学院研究生院（简称“社科院研究生院”，本书所提“社科院”均指中国社会科学院）的三年则是学习与阅读并重的三年。1983年我考入社科院研究生院世界经济与政治系，专业为比较经济学，导师是江春泽研究员和罗肇鸿研究员。比较经济学是当时西方经济学中的一个分支，研究对象是所谓非市场经济国家，研究重点是苏联东欧等国的计划经济体制。在西方学术传统中，“比较”有着特殊含义，即对非西方国家的研究。20世纪80年代初我国改革开放起步不久，处于典型的“摸着石头过河”阶段，因而亟须了解那些已经进行了许多改革尝试的东欧国家的经验教训。关于这些国家的文献当时主要有两个来源渠道，一是它们本国的出版物，二是欧美学者的著述。江老师和罗老师是我国改革开放后最早一批比较经济学的拓耕者，除了原来的俄语底子，他们后来又自学了英语，江老师还学了塞尔维亚语。由于不懂东欧国家的语言，我只好在他们的指导下开始阅读《比较经济学杂志》和《比较经济体制》等杂志上的英文论文，以及当时翻译过来的一批图书，20世纪30年代兰格和米塞斯、哈耶克关于社会主义市场经济的辩论是我两位导师要求学生阅读的内容，因为社会主义国家可以搞市场经济是兰格力求论证的主题，而这恰恰是我国改革开放初期特别需要厘清的问题。因时代需要，当时有一大批外国学者的著作被翻译成中文，如W.布鲁斯的《社会主义的政治与经济》，奥塔·锡克的《第三条道路》，亚诺什·科尔内的《增长、短缺与效率》，埃冈·纽伯格和威廉·达菲的《比较经济体制——从决策角度进行的比较》。我所关注的议题重点也处于形成之中：为什么不同经济体制下的经济成就或表现会有如此之大的差距。

社科院研究生院安排的课程不是很多，这让学生在上课之余有大量时间去阅读。应该讲，我是这一体制的较大受益者之一。对待书籍我的总体态度是尽量多阅读而不拘泥于学科。马克思的《路易·波拿巴的雾月十八日》和恩格斯的《家庭、私有制和国家的起源》这两本我至今在课堂上仍不断提及的著作，最初就是在那段时间读的。这两本书都不是大部头著作，但却是阶级分析、社会变迁、国家理论的经典著作。宾克莱的《理想的冲突——西方社会中变化着的价值观念》是那个年代不多见的讨论西方社会思潮及其变迁的译作。尽管以今天的眼光看该书只是一本教学辅导书，但对我这样很少接触弗洛伊德与弗洛姆、克尔凯格尔和尼采、萨特及后来的宗教存在主义的中国学生而言，它带来的冲击可想而知。读宾克莱的作品也是我重读大学时代读过但又未完全理解的陈焜教授的《西方现代派文学研究》的诱因。北大年轻学者张隆溪在《读书》上发表的系列文章，也是那个时期我痴迷于西方文学批评理论的部分原因。尽管不完全同意卡尔·波普尔在《无穷的探索——思想自传》中所表达的想法，但我还是受到很大触动：建造人间天堂的企图最终导致的都是地狱。波普尔的矛盾性也体现在这里，因为在他看来，一切生命都在寻求更加美好的世界。顺带提一下，波普尔讲的下面这句话我是完全赞同的：每个人都是哲学家，因为谁都以这种或那种方式对生或死有一种态度，只不过有些人更具哲学家特质而已（大意）。其实这句话也适用于经济学家：每个人都是经济学家，只不过有些人更具经济学家特质而已。

在社科院研究生院开设的课中，沈华嵩老师主讲的《资本论》让我受益匪浅。可能是因为本科后再次学习，可能是因为几年学下来理解力有所提高，也可能是因为沈老师的授课方法独特，我对马克思的研究方法、理论架构、思想力量和人文情怀有了更深刻的理解。在学习《资本论》第二卷两大部类比例关系原理时，沈老师特别让对此问题有深入研究、同时也是我同班同学的余永定担任主讲，堪为一段佳话。在授课之余，沈老师和我们学生聊得最多的竟然是物理学，比如麦克斯韦妖、薛定谔之猫、贝塔朗菲一般系统论、普利高津非平衡态……有一幕至今仍清晰可见：在争论意大利作家路易吉·皮兰德娄短篇小说《弗洛拉太太和她的女婿彭查先生》中两位主人公究竟谁是疯子时，沈老师平静地评价说，这是作家在用文学方式描述物理学中的波粒二象性。用今天时髦的话讲，这一切令我脑洞大开。不难想象，应用上述各种物理学思想于经济学分析是沈老师的毕生追求。他签名的《经济系统的自组织理论》《经济学分析原理》《危机后的经济学》三部著作我一直珍藏并不时翻阅。正是在沈老师的引领下，我开始对方法论着迷并一直持续到今天。A. F. 查尔默斯的《科学究竟是什么？》是我读研究生期间系统阅读的第一本科学哲学著作。在此之前我从未想过“科学是什么”这个问题，作者对归纳方法无情且彻底的批判也让我留下了“后遗症”，以致我一直对得自经验归纳的认知或结论抱有一定的怀疑。好像乔治·斯蒂格勒讲过，在60岁前研究方法论是愚蠢的，但我还是认同詹姆斯·布坎南在《经济学家应该做什么》一书中说过的话：学习方法论并不能帮助我们解决什么问题，但能够让我们清楚那是些什么问题。布坎南补充说他的灵感来自他的老师：学习经济学不能保证你将来不站在领取救济金的队伍中，但能让你明白你为什么站在那个队伍中。

撰写硕士论文与其说是对三年学习的检验或总结，不如说是对自我研究能力特别是学术兴趣的认知与测定。我硕士论文的题目叫《论经济体制的择优》，从马克思主义政治经济学的角度看，其理论基础就是生产关系对生产力发展具有重要的作用，用比较经济学的话讲就是，通常以产出水平表现的结果是经济体制尤其是决定体制机制基本特性的产权结构的函数。写作该文让我得到的最大收获是明白了看似简单的问题实际上可能极其复杂。体制比较的目的在于择优，而“优”的存在是有约束条件的。任何经济体制对应的结果都不是单一的，既有经济增长率，也有失业率和通货膨胀率，还有收入分配是否公平，放到今天我们还要考虑环境与气候变化。如果两个不同体制对应的结果各有高下，那么该如何评价各自的优劣呢？此时为了进行比较，对各项结果指标赋予权重便显得必不可少。恰恰是在赋予权重的过程中，体制参与者的目标偏好渗进来，而偏好的显示和加总自然地又把决策体制和政治制度带入了分析。鉴于处理它们对于一篇硕士论文而言难度过大，我干脆就将其统统归入“所给定的社会环境”变量，并在此基础上提出了“适宜经济体制”概念：在环境约束条件下，某一经济体制所对应的经济结果（函数）与所追求的经济目标相互重合时的体制状态。经济结果与所追求的目标之间存在差异，意味着存在改进现有经济体制的可能性，而是否进行体制改革则取决于体制优化带来的成本与收益。改革的边际成本与边际收益相等便是改革恰到好处的标志。体制先于结果，任何问题都要看相对于什么而言，这可以说是我写硕士论文的主要心得。今天回过头来看35年前写的论文还是感觉有些汗颜，主要是逻辑结构尚有值得推敲之处，许多需要被深入讨论的概念和命题一带而过，而且参考文献的阅读与引用太显单薄。

二 成为职业科研人员

1986年夏我从社科院研究生院毕业。那时的硕士毕业生可是“稀缺资源”，许多机构都主动到学校招人。我几乎不假思索地就接受了导师的建议，直接进入社科院世界经济与政治研究所（简称“世经政所”）苏联东欧研究室，做实习研究员。这大概是因为在写硕士论文的过程中，我发现并确认了自己对学术研究的浓厚兴趣、对了解思想大家们的学术贡献的痴迷。作为职业研究者，我写的第一篇学术文章是《里斯卡“承包经营制”述评》，并于1988年发表在《世界经济与政治》杂志上。里斯卡是一位匈牙利经济学家，他设计的体制兼顾了社会主义基本原则与市场激励。由于专注于体制机制设计与改革，我开始读莱昂尼德·赫维奇的机制设计理论。作为该理论的创立者，赫维奇抛弃了把市场机制作为已知的传统经济学假设，转而把社会目标作为已知，在满足参与者各自约束的条件下，设计出实现既定目标的机制。不难看出，机制设计理论和里斯卡模式思路几乎一样，区别仅在于使用的经济学话语。阅读让人感到无知，同时使人谦虚。当时的我很为自己没有在硕士论文中借鉴引用他们的理论而感到遗憾。进所工作不久我在《国外社会科学》杂志上偶然读到一篇谈社会学研究方法的文章，作者叫A. 斯齐曼斯基，原文出自《社会学：阶级、意识和矛盾》。正是在评述里斯卡的文章里，我尝试着把作者提出的社会学研究“七要素”框架运用于分析之中，逐次从基本假定、概念、理论、问题、现象范围、检验手段、价值理念等诸方面对里斯卡模式加以讨论。由于简洁、全面、实用，这一分析框架后来成为我思索理论和表达思想的基本脉络，因而在写作过程中被反复使用，同时也成为我所讲授的国际政治经济学研究方法论课程的一部分。

入所工作后的几年中我阅读科学哲学书籍的热情依旧。约翰·洛西的《科学哲学历史导论》虽是一本普及性读物，但它的系统性还是让我受益颇多，特别是作者对亚里士多德《分析后篇》较为详尽的介绍与概括。亚里士多德从归纳开始，到提出三段论证明，又到指出论证的可靠性仅仅由前提和结论之间的关系来决定，再到声称一门科学乃通过演绎组织起来的一组陈述，最终确立了他在科学哲学领域不可撼动的奠基者地位。他对因果关系的执着，对其中所包含的目的性的重视，对演绎前提必须真、必须无法证明和必须广为人知的强调，很合后来社会科学家们的胃口，尽管这也同时成为争议的起因。在众多科学哲学流派中我青睐的是逻辑实证主义。从名称上就可看出，卡尔纳普、石里克、纽拉特和艾耶尔等人力求把科学与否的判定标准建立在逻辑推理和经验检验之上，同时尽可能有知识增量。波普尔在《猜想与反驳：科学知识的增长》一书中所看重的“证伪”，在我看来大体可与逻辑实证主义归为一类，因为它们都强调命题的可检验性，只是“证伪”中含有对科学理论进步更多的期待。具体到经济学，老凯恩斯（即约翰·梅纳德·凯恩斯的父亲）在《政治经济学的范围与方法》一书中将经济学研究区分为“实证科学”和“规范科学”：前者指事物本相的系统化知识，主要关注理论的可检验性、在逻辑上能否自圆其说、是否具有解释性；后者则为判别事物是否具有可取性的标准的系统化知识，关注人生价值，回答的是“应该怎么样”式的问题。说来也有点奇怪，我至今也不明白为什么自己会对方法论问题如此感兴趣。或许原因之一在于当时本科和研究生阶段的教育设计中，方法论几乎是空白，而它又确实重要。

在研究所工作一年后我也有过出国读博的想法。后来还是罗肇鸿老师建议我在国内读，拿到学位后再找机会出国进修，这样效果更好一些。结果，1988年秋我成为社科院研究生院的在职博士研究生，指导教师还是罗肇鸿老师，研究方向仍是经济体制比较。除了上学校指定的课程和阅读期刊论文外，我还研读了米塞斯的《人类行为》（台湾版）和与之唱对台戏的美国后制度主义经济学派主办的《经济问题杂志》。就方法论而言，前者坚持的是方法论个人主义，后者秉承的是方法论集体主义。在方法论个人主义者看来，任何行动都是由一些“个人”采取的，个人是自身福利的最终且唯一的判定者，集体无法被具体化，集体行动总是经由个人行动表现出来，不存在超越个人利益的集体利益。而据卢瑟福在《经济学中的制度：老制度主义和新制度主义》一书中所述，方法论集体主义者坚信社会整体大于部分之和，社会整体显著地影响和制约组成社会整体的各部分的行为或功能，个人的行为源于社会系统（法律、目的或力量演绎），源于个人在整体当中的地位，存在着超越个人利益的集体利益。具体到个别经济学家，米尔顿·弗里德曼在《实证经济学方法论》中力倡价值中立，并以预测准确性作为判定理论优劣的最高准绳，而冈纳·米尔达尔在《反潮流：经济学批判论文集》中浓墨重彩地谈论不带任何价值倾向的研究不仅从来没有过，也根本不可能存在。随着阅读面的拓展和理解的深入，我对经济学内部不同流派之间在认识论层面的争论变得敏感，因为一旦要构建自己的认知结构，就必须在对立的思想或方法或理念之间做出带有倾向性的选择，尽管我常常觉得针锋相对、形同水火的观点都各有道理。在此，蔡元培先生的“执两端守中庸”之价值便显现出来。

撰写博士论文之前的必备工作之一，是补中国传统文化课。在我入大学之前，“四书”这样的书属于“四旧”，除了课本中的文言文外，它们是绝少被提及的。进入北大和社科院研究生院后学习的大都与经济学及世界经济相关，对中国传统文化的了解更多的是来自中国古典小说，特别是罗贯中的《三国演义》和施耐庵的《水浒传》，外加《封神演义》和《三侠五义》。《西游记》我初中时就读过，但不是很喜欢，当时主要是感觉内容雷同。30多年后重读《西游记》感觉则大不一样。曹雪芹的《红楼梦》也是如此，从最初的读不进去到近些年来的一章一章细读。当年恶补国学的原动力来自和一位中青年儒学家的交流。孔孟之道曾经是被批判的学说，在20世纪80年代后期开始受到应有的重视，而我对它的了解只是只言片语，理解更是支离破碎。我所补的课首先是《论语》，接下来是《庄子》和《列子》。《道德经》我读得要晚一些，因为博士论文的主题和制度经济学有关，《韩非子》和《淮南子》就成了我阅读的重点，而重中之重则是《孟子》。我博士论文的开篇引用的就是《韩非子·外储说左上》中转述孔子的话：“为人君者犹盂也，民犹水也。盂方水方，盂圆水圆。”在此我把“君”理解为制度的化身。“世治则小人守正，而利不能诱也；世乱则君子为奸，而刑不能禁也。……时势使然。”《淮南子》所说的“世治”与“时势”，与《孟子》所说的“仁政”关系密切：“夫仁政，必自经界始。”而“经界”，翻译成制度经济学概念即为明晰产权。孟子与梁惠王关于“交邻国之道”的对话——“惟仁者为能以大事小，惟智者为能以小事大”，时至今日都可以作为国家对外交往的基本原则。当然，中国传统文化对我而言是一门终身学习的课程。

三 博士论文写作

好像是经济学家肯尼斯·阿罗讲过，博士论文往往在一个人的学术生涯中扮演着举足轻重的角色。对此我深有同感。动手写博士论文之际，我读到了英国学者李约瑟的《中国科学技术史》第一卷。在序言中他写下的文字一定会深深地打动许多中国学子的内心：和拥有古代西方世界全部文化财富的阿拉伯人并驾齐驱，并在3—13世纪之间保持一个西方望尘莫及的科学知识水平的中国，为什么在15世纪后其科学持续停留在经验阶段且只有原始型或中古型的理论，而在16世纪的西方却诞生了近代科学？于是，回答“李约瑟问题”便成为我博士论文的主题。在参考了众多文献的基础上，我在博士论文中归纳出了一个制度起源、演进与功能模型：分散的个人或组织所处的特定初始条件（偏好、能力、自然禀赋和随机事件）—潜在的制度收益（分工与贸易利益、规模收益、降低交易成本和减弱不确定性）—自发制度出现（先是习惯再是规则）—个人间的合作得以形成并获得制度收益（分工和专业化导致的技术进步和贸易收益）—获益多者形成既得利益集团并维护于己有利的非中性制度—新条件发生变化（相对价格、新市场出现）—新的潜在制度收益出现—新利益集团出现并与既得利益集团博弈—制度变迁并走向新的制度均衡。这一制度起源与演进的动态过程，已成为我认知结构中的主要元素，后来反复地被我用于对不同研究对象的分析之中。同时，我在博士论文中提出或想到的那些问题，特别是“李约瑟问题”或更一般的国家兴衰问题、应对同类问题时出现多种制度形态的条件、“理性经济人”假定的“科学性”问题以及如何把制度非中性概念的适用范围扩展到其他领域问题等，至今还在指引着我的阅读、思考与写作。

当时写论文如此投入，以至我还清楚地记得在论文写作过程中就某个问题与同事交流甚至辩论的情景。我的同事李向阳曾直接质疑“制度决定论”的逻辑，指出制度影响人类偏好并规范人类行为，但制度本身又是人类选择的结果。“制度先于行为”还是“行为先于制度”这一制度经济学必须严肃对待的问题就是这样被提出来了。方法论个人主义和方法论集体主义在这里帮上了忙，因为从人类整体看无疑是选择行为在先制度形成在后，而从个体看则正好相反。相对于理论上可以无限存在下去的人类整体而言，我们每个人的寿命都十分短暂。当降临于世时，我们面对着的是一整套既定制度，后者决定了，至少极大影响了我们的偏好与选择。

论文写作过程中讨论较多的另一个问题是人们为什么有时会选择违背自身利益的制度安排。我的大学同窗——熟读史书的马慈和用大量此类事实挑战我建立在“理性经济人”假定之上的模型。今天我还清楚记得我们两个在1路公共汽车站争论的情景，车走了又来了，一拨一拨等车人中肯定有不少人以为我们在吵架呢。为了回应挑战，我使出浑身解数，运用相对福利、既得利益集团行为、制度惯性、集体行动难题或“搭便车”概念及“蝴蝶效应”等分析工具，甚至还搬出了奥斯卡·兰格在《经济控制论导论》中讨论过的狐兔博弈——兔子改变奔跑路线企图甩掉狐狸的行为恰恰给了狐狸抄近路抓到兔子的机会——的例子，对这一我称为“制度悖论”的现象进行了说明。论文的这一部分后来经过修改发表在了《经济研究》杂志上。

发现东西方均有一大批思想家看重制度令人感到喜悦。想想也自然，不同社会中人类社会的基本结构一定会有很多相似之处。如果说我的硕士论文意在论证经济体制和经济结果之间的相关关系，那么我的博士论文除了强化“制度是重要的”这一命题之外还有一个更大的“野心”，那就是为制度分析提供一个系统性框架。这个架构的“八柱”就是前面提到过的科学研究的“七要素”外加“方法论”，而“四梁”则是制度概念、制度起源与演进、制度功能、制度比较。今天来看1991年春完成的博士论文《经济发展与制度选择》，欠缺和遗憾之处仍不少，特别表现在文献的阅读面不够宽。当一年后读到了道格拉斯·诺斯于1990年出版的《制度、制度变迁与经济绩效》一书时，我既感到懊恼又略感欣喜。懊恼的是当时竟然没有读到该书，欣喜的是我们关注并讨论的许多问题很相似。从我论文的“四梁”和诺斯书中的三篇题目即书名展示的三个关键词上，可以清楚看到其间相同的逻辑脉络与内容。我在论文中专门用一整章的篇幅梳理制度概念，并最终将其区分为影响人类偏好和行为的规则与习惯的集合。诺斯则用两章分别讨论“正式制度”和“非正式制度”。这两组概念对应之工整、内涵之重合，当时真是让我兴奋了一阵。也正是在我这部处女专著中，我提出了至今为不少学者所使用的概念——“制度非中性”，意即同样的制度对不同的群体或个人意味着不同的东西。诺斯的高明之处在于讨论“正式制度”和“非正式制度”之后还触及了制度的实施。

也许是因为在认知结构中漏掉了制度实施这一要素，我对这一点一下子变得敏感起来。既然制度可以分为规则和习惯，用诺斯的话讲就是“正式制度”和“非正式制度”，那么在实施层面是否也可以做一个区分，比如“规则型实施”和“习惯型实施”，或“正式实施”和“非正式实施”。亚当·斯密在《道德情操论》中谈到，任何人都可以在一次性欺骗中获益，但长此以往，欺骗者便会因“恶事传千里”而遭到所处社群的贬斥，而当一个人被其他所有人当作骗子对待时，他的收益便会被大幅度且持久性地压缩至极低水平。相反的情况是，正人君子行为终将会获得所谓“社会认可”，并因此长期和高水平地受益。显而易见，斯密所阐释的道德起源之逻辑，与制度的“习惯型实施”可谓异曲同工。这很自然地让我想起孔子在《论语·里仁》所说的“君子喻于义，小人喻于利”，特别是在《中庸》里他赞美舜时所讲的“大德必得其位，必得其禄，必得其名，必得其寿”，很是有点“君子不言利而利自来”的意味。再仔细一想，斯密所述简直可以说是孔子所言的翻版。据说中国当代哲学家冯友兰讲过，做学问无非两条，分别为“照着讲”和“接着讲”。顾名思义，前一条指的是学习、领会和掌握学术大师们的思想，后一条指的是理论创新，是百尺竿头更进一步。虽然做到前一条已实属不易，做到后一条难上加难，但我有时还是会产生“接着讲”的冲动。

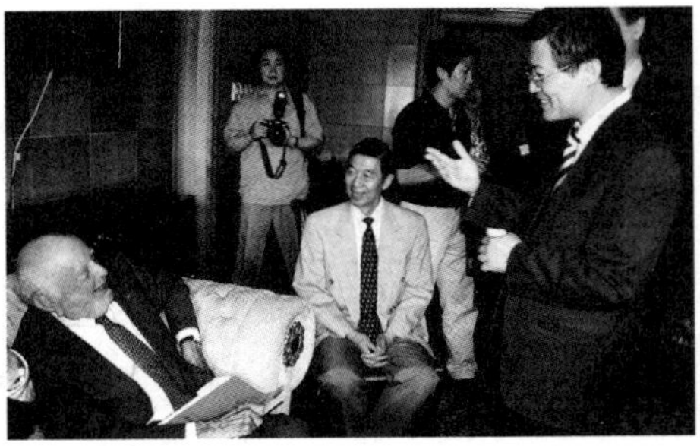

2007年，张宇燕（右一）与诺斯教授交流

不过就这里谈及的对制度实施进行分类的想法，我最后还是放弃了，主要理由在于，无论是“规则型实施”和“习惯型实施”还是“正式实施”和“非正式实施”，都是依据是否实施或执行来划分。说到这我想顺着谈一点心得。随着阅读逐步向深广推进，我越发意识到，东西方观察和理解周围世界的差异远比表面上显现的小得多。其实这也不奇怪，因为人脑的构造毫无二致，不同人或人群所遇到的问题、所面临的环境以及所拥有的本能大体相似。

四 访问学者

博士毕业的第二年即1992年初，我去美国马里兰大学经济系访问进修一年，指导教授是马里兰大学经济系的曼瑟·奥尔森。选奥尔森做导师的理由很简单，就是喜欢他的书。我们第一次见面是在大学的教工食堂共进午餐。在回答都读过什么文献时，我提到了《不确定的时代》《丰裕社会》《新工业国》等书的作者哈佛大学教授肯尼斯·加尔布雷斯。

奥尔森评价说他是一位伟大的作家。我后来又提到美国后制度经济学及其刊物《经济问题杂志》。他的反应更加直白，说制度经济学在美国已经消亡。虽然他后来又缓和了一下口气，在“消亡”前加了“几乎”，但在犹豫不决之后我还是决定终止对该学派文献的追踪，以题为《制度经济学：异端的见解》的长篇综述作为了断，并把阅读的重点转向以奥尔森为代表的集体行动经济学和以布坎南为领军的公共选择经济学。十多年后当收到云南大学张林教授寄来的《新制度主义》一书时，我因割舍不下而残留于心的后悔和遗憾一下子就释然了。虽说起步比我晚，但他对后制度主义的研究，无论是深度还是广度都已远远超过了我。留下的一个小小遗憾是，为写博士论文我翻译了十多篇《经济问题杂志》上的论文，原计划作为论文集出版，但重心一变竟然忘了。这里有必要做个注脚。制度经济学在19世纪初起源于美国，可以说是美国唯一的本土经济学，公认的创始人为凡勃伦、康芒斯和米契尔。由于偏重于对与制度相关的“非经济因素”的研究和大量使用非主流经济学方法，“二战”后制度主义近乎销声匿迹。20世纪50年代末一小批美国制度主义者开始寻求

1992年，张宇燕（左一）在奥尔森教授办公室

学派复兴，在1965年成立演化经济学会，于1967年出版《经济问题杂志》，并在制度主义前加上定语“neo”。以科斯和诺斯等人为首的制度主义者为了与之划清界限，在制度主义前加的是“new”。为了区别，我把“neo”译为“后”，把“new”译为“新”。为了鼓励本领域学者研究，演化经济学会还特别设立了“凡勃伦–康芒斯奖”。

进修时的任务很单纯，就是读文献、做笔记、听课并每月见一次导师。奥尔森让秘书给我复印了他所有发表的文章，并赠送了他的书，包括一本题为《北方之光有多亮：关于瑞典的几个问题》的小册子。在1992年圣诞节前我应邀去奥尔森家做客时，还见到了刚刚被他从哈佛大学“挖来”的托马斯·谢林。谢林告诉我他在1971年曾经作为基辛格助手随团秘密访华。谢林在经济学圈子里享有盛名，是非数理博弈论的代表性人物，但和政府走得如此之近还是多少超出我当时的想象。后来我逐步了解到，美国许多重量级的经济学家，如米尔顿·弗里德曼、肯尼斯·阿罗、加林·库普曼、罗伯特·奥曼、布坎南等诺贝尔经济学奖获得者，都在政府或为政府工作过。曾任联邦政府卫生部助理部长的奥尔森还介绍我参加过一次美国公共选择中心的会议，布坎南、戈登·塔洛克和罗比特·托里森等弗吉尼亚学派的头面人物都出席了。也许是因为听得一知半解，也许是因为奥尔森的推荐，也许是因为亨利·勒帕日在《美国新自由主义经济学》一书中对布坎南公共选择理论的介绍给我留下了深刻印象，我决定好好钻研一下这个致力于用经济学理论分析政治过程或非市场过程的学术流派。接下来在马里兰大学图书馆，我翻阅了每一期由布坎南和塔洛克创办的《公共选择》杂志，做的笔记有两大本。当时我的想法是进修结束后写一本关于公共选择理论的书。后来由于书包被盗笔记本丢失，我的写作计划也就付之东流了，直到今天这还是我心中的痛。我那书包里除了对我无比重要的两本笔记和几个准备冲洗的胶卷外什么也没有，而它们对窃贼来说一钱不值。这属于典型的“资源错配”。懊恼归懊恼，研究还得继续。凭借记忆，在后来的写作中我还是引用了不少公共选择理论的重要文献，特别是布坎南的著作。

我曾写过几篇文章评介奥尔森的集体行动经济学。今天想来，就研究路径或思路而言，他对我的主要影响有三。一是研究要以问题为导向。鉴于世间有趣的和值得投入时间精力的问题随处可见，然而人的生命有限，故一定要去关注那些带有根本性的、一旦想起就心旌摇荡的重大问题，首要的问题即为国家的兴衰或经济长期增长。他还用非洲原野上猎豹捕食猎物来比喻选题：它们一旦发起攻击，首要目标一定是咬断猎物致命的颈动脉。二是一定要搭建好自己的认知结构或形成自己的学术传统。用基本上由自己原创的理论框架去分析、解释和回答那些令自己朝思暮想的问题，奥尔森可谓是典型代表。如果自身资质不足以创立理论架构，那么就用其他大家的理论作为自己研究的基础和分析的砖石。三是尽可能运用简单易懂、可信牢靠的理论去分析解决重大问题。奥尔森“集体行动的逻辑”的理论硬核源自我们司空见惯的日常生活，叙述逻辑清晰、简洁。他的分析起点不是基于共同利益的集体行动，而是为什么在许多存在共同利益的情况下形不成集体行动。在此，组成群体的人数多寡扮演着重要角色，“三个和尚没水吃”（在中文里“三”常常意味着多甚至“三生万物”）便是很生动的例子。为了解决大群体经常遇到的“公共产品难题”（即“搭便车”问题），奥尔森给出的解决办法是“强制”和“选择性激励”，用中文讲即为“胡萝卜加大棒”。而小群体由于集中、便于监督等因素相对容易形成集体行动，常常会为了小集团利益而不惜牺牲诸如国家那样的大群体的利益，并最终影响到国家的兴衰。有人评价奥尔森理论时说他属于运用“单一思想”包打一片的经济学家。但这有什么不好呢？我至今仍记得他说过的一句话，大意是他最欣赏也竭尽全力模仿的思想家是查尔斯·达尔文，理由是后者的进化论简单明了、解释力强大、适用领域广阔。其实奥尔森也承认他的理论只是解释人类复杂故事中的一小部分。

政府和市场之间的关系几乎是所有社会科学分支的核心议题。和倾向于自由放任的经济学家那种对政府干预始终抱有否定态度不同，奥尔森十分看重政府能够发挥的正面作用，这也深深地影响到我对此问题的观察视角和思维范式。他1998年因心脏病突发去世后由其家人和同事编辑整理出版的《权力与繁荣》一书，可以说集中展现了其一生的学术思想与价值取向：经济繁荣取决于政治权力的有效使用。换句话说，市场这只“看不见的手”能否发挥出应有作用的前提，在于政府那只“引导之手”的效力如何。在奥尔森的分析框架中，所谓“政治权力”行使得好坏的标准，主要看政府是不是一个旨在不断“扩大市场的政府”。他使用的英文词组是market-augmenting government，直译为“扩大市场型政府”，但结合上下文以及他的一贯思想，我觉得更贴切的翻译是“强化和扩大市场型政府”，其基本含义可由奥尔森的下面一句话反映出来：在狗可以拥有一块骨头的意义上讲人也可以拥有点什么，但没有政府就没有产权，进而也就没有市场。除了严格界定和保护产权外，政府还有两项基本职责：尊重契约和避免干预市场正常运作。为了说明“政治权力得以有效使用”的条件，奥尔森于1993年在《美国政治科学评论》上发表论文《专制、民主与发展》，用集体行动经济学阐释了“远古”以抢劫为生的“流窜匪帮”因自身利益而逐渐演化成为靠税收为计的“驻守匪帮”的历史与逻辑过程，读来让人耳目一新。我还记得我们第一次见面时他就提到了中国军阀冯玉祥在自己的地盘上通过保护产权来换取稳定税收的故事。新一代政治经济学家德隆·阿西莫格鲁和詹姆斯·罗宾逊在《专制和民主的经济起源》（中译本名为《政治发展的经济分析》）一书中集中讨论的便是政治与经济之间的关系，延续的正是奥尔森特别关注的工作。

在美国进修的一年间难免要去超市购物。在中国，西瓜一般是称重卖的，而在美国则大多是按个卖的。比较后我发现，美国超市的西瓜个头几乎一样，这甚至让我想到美国在西瓜种植上有什么高科技。后来在读文献时才知道，美国农业部对上市西瓜的大小有统一要求，以至于美国每年被消费掉的西瓜比因不达标而被销毁的西瓜多不了多少。（欧盟则更过分，不但对上市黄瓜的重量有规定，而且对弯度也有要求。）美国联邦政府对卫生洁具制定了统一标准并严格执行，“美标”抽水马桶只能盛1.6加仑（1加仑≈3.785升）的水。事无巨细的监管需要有为数众多的政府工作人员，而事实也正是如此。1960—1999年，美国政府雇员占总就业人数的比例从13%上升至16%，其间最高时曾到18%，在法国、芬兰、奥地利等国家该比例超过20%，北欧的挪威、瑞典、丹麦的数据更是超过了30%。假设今天中国政府雇员占总就业人口的比例仅为美国的一半，那可就是6000万之众！如果用财政支出占GDP比重指标来衡量，差距亦十分显著。市场经济国家的中央政府相对规模竟然比中国这样的所谓“大政府”国家高出如此之多，这听上去的确让人感到吃惊，但这恰恰是发达经济体的实情，同时也强有力地证明了卡尔·波兰尼《大转型：我们时代的政治与经济起源》一书的主要命题：自由放任是有计划的，市场内生于国家，完全自发调节的市场经济纯粹是乌托邦。看来政府与市场的关系主要还不是规模或量的问题，而是结构或质的问题。出于弄清事情来龙去脉的冲动，10年后我和席涛博士合作，在世经政所主办的《世界经济》杂志上发表了4万字的长文，题目就是《监管型市场与政府管制：美国政府管制制度演变分析》。近距离观察美国，并在观察其与中国的比对中提出有价值的问题或命题，可以说是我在美国访问进修的另一大收获。

贰

初入社科院世界经济与政治研究所：着眼财政压力与制度变迁

一 初涉中国改革开放研究

我接触中国经济改革议题始于1988年夏。时任世经政所副所长的罗肇鸿老师指派我去位于芬兰首都赫尔辛基的联合国世界发展经济学研究院（UNU-WIDER）参加一项集体研究。尽管过去两年去美国参加过两次比较经济学夏季培训班，但参加课题组做一个半月的研究还是首次，这对不到28岁的我来说不啻一大挑战。我们课题组组长是波兰计划委员会经济研究所所长，成员都是年轻学者，分别来自苏联、匈牙利、捷克斯洛伐克、波兰、民主德国和中国等当时的计划经济国家，任务是每人撰写一篇本国的研究报告。在高压力下以及在同事们的帮助后，我最终交出了题为《中国的经济体制改革》的工作论文，主要内容是述评十年来中国的改革开放。适逢世经政所浦山所长来UNU-WIDER开会，组长当着他的面赞扬了我的工作。我知道其话语中一多半是出于客气和对青年人的鼓励，不过当时的我还是大大松了一口气，毕竟论文算是过关了。在赫尔辛基工作的另一大收获是聆听浦老讲掌故。孔祥熙的公子带着秘书去哈佛读书，考试时两人互换名字答卷，最后孔公子毕业回国高就，秘书补考续读。在朝鲜板门店谈判期间，手握密歇根大学和哈佛大学两张博士证书的浦山担任中方首席翻译。谈判之余，担任过联合国军总司令的美国五星将军马修·邦克·李奇微问浦山，听说中国人大都会给外国人起个中文名字，他的中文名字叫什么，有什么含义。浦山回答说他叫李奇微，意思是极其渺小。李奇微听罢便请浦山帮他改名，而浦山却说没必要改，因为美帝国主义就是纸老虎。浦老最喜欢的作家是约翰·斯坦贝克，并且还能完整地复述小说《愤怒的葡萄》中的某些同情美国下层人民的段落。在那里有一种无处投诉的罪行，一种眼泪无法表达的悲哀，一种使一切成就都黯然失色的败绩。能讲出这等故事的人，在留学期间便参加美国共产党，拿到学位后就毅然回国，这其实是很容易理解的。我至今铭记着他语重心长讲过的话：在世经政所做研究工作，仅有马克思是不够的，但没有马克思就更不够了。

随着北大辩论队获得亚洲大学生辩论赛冠军，20世纪90年代初全国各地掀起了辩论赛热潮。也是机缘巧合，1994年秋社会学家郑也夫相邀去给北京市电信局四支辩论队中的一支担任领队，我出于好奇心和朋友之情答应下来。为了让自己的队取得好成绩，我查阅了当时能找到的几乎所有涉及政府监管的中文书刊，阅读了大量原来知之甚少的中国电信业改革开放文献。时值主编《中国经济制度变迁》丛书的张曙光教授反复催我供稿。于是我在1995年顺势完成了论文《放松管制的博弈：以中国联合通信有限公司的创立为例》的写作。在论文中，我运用奥尔森的利益集团理论分析了当时中国通信市场上的几大博弈者之间的博弈。邮电部既是行规的制定者和执行者，又是通信服务的提供者，同时又无法满足巨大的市场需求，结果便是有提供服务能力却被排斥在市场外的博弈者跃跃欲试，如拥有独立电话网的铁道部、电力部和总参通信部，以及通信设备提供者电子工业部，它们之间的博弈结果便是联通公司的创立。本文大概是《经济研究》

刊登的第一篇讨论自然垄断行业放松政府管制的制度经济学论文，既为我前一年发表在《改革》杂志上的论文《利益集团与制度非中性》所提命题提供了证据，也是将制度非中性理论运用于现实经济分析的一次有益尝试。恰是在写作这两篇论文时我意识到，利益集团并不总是技术与制度创新的阻碍者，在一定条件下，某些利益集团是可以发挥非常积极的或生产性的作用的，制度的起源与演进也自然地在集团博弈过程中得以体现。也是在写作这两篇论文时我参阅了桓宽编写的《盐铁论》，在为桑弘羊力主国家“总一盐铁”“均输平准”“佐助边费”“建本抑末”“离朋党，绝兼并之路”击掌的同时，也为“贤良文学”们反对盐铁官营提出的辩驳理由喝彩：“示民以利”“与民争利”“吏容奸豪”。

科斯在1937年发表的《企业的性质》一文中提出了两个重要但又普遍被忽略的问题：为什么企业会产生以及什么决定了企业规模的大小。他给出的解释变量即“交易成本”概念由此登上经济学舞台。当交易成本为零时不存在“组织生产还是到市场购买”问题，而当市场购买或出售要花费成本亦即交易成本大于零时，组织起来进行集体生产即创立企业便可节约交易成本。然而企业运营本身也是有成本的。当企业运营成本随企业规模扩大而增加到与所节约的市场交易成本相等时，企业规模或边界便确定了。在市场经济中的企业“性质”如此，那么在计划经济下的企业呢？阅读文献时埋下的问题种子，在1995年春夏之交我所在的社科院党校班组织去山西调研时发芽了。在走访大型国企平朔露天煤矿时我了解到，这家公司的改革思路是在成立总公司后对原有业务进行拆分，拆分后，除了最赚钱同时也是奖金与效益挂钩的煤炭公司外，还有贸易、服务、旅游等七八家不那么赚钱甚至亏损的子公司，亏损额由总公司统一填补。就此我和同行的蔡昉、刘迎秋等经济专家进行了长时间讨论，再后来就是我和我指导的硕士研究生何帆撰写了长文《国有企业的性质》，分两次发表在《管理世界》上。我们力求表达的基本想法是，与市场经济中的企业相比，国有企业是有“边界刚性”的，直白说就是不能解雇雇员，在此约束下并配以企业一定的自主权，国企的“内部市场化”组织创新将会使资源配置效率得到显著提高。此文也是我第一次与人合作，当时的想法主要是通过合著论文来培养学生。应该讲，这是一次很成功的尝试，之后几乎成为训练学生的惯例。

2014年，张宇燕在榆林煤矿调研

大约在1996年夏天，社科院组织部分青年学者到北戴河培训，我认识了数量经济与技术经济研究所的孙广振。一次聊天时我谈起贾谊的《治安策》，他的“欲天下之治安，莫若众建诸侯少其力”的观点令我推崇备至。贾谊接着给出了对前述陈述或命题的证明：“力少则易使以义，国小则亡邪心。”直觉告诉我，贾谊之说和奥尔森的集体行动理论之间存在着某种相关性。孙广振是以全国数学竞赛第二名的成绩入读北大数学系的，智商情商都极高，于是我问他能否借用奥尔森的集体行动理论用数学证明贾谊之说。他当时回答说试试看。一两个月后的夜里，我被电话铃声吵醒，广振兴奋地告诉我说证出来了。接下来的合作很简单，我只负责引言和结束语，中间的大段数学证明归他。在投给《经济研究》杂志之前我把论文给同样是学数学出身的经济学家汪丁丁过目。几天后我得到的回答是数学证明没有任何问题，只是杀鸡用了牛刀了。和孙广振合作的这篇论文，是我合作论文中唯一的一篇论证部分我全然不懂的论文。尽管如此，通过发表这篇题为《利益集团与“贾谊定理”：一个初步的分析框架》的论文，我们实现了原初的目标，即用一个中国人的名字来命名一个经济学定理。这一想法就像种子一样，一经播种便不断生长。后来在读西汉时期刘安主持撰写的《淮南子》和司马迁的《史记》时我发现，他们都谈论过贸易生财或“货殖”议题，并精炼出了“以所有易所无”“以所多易所鲜”“以所工易所拙”原则。这与18、19世纪英国古典政治经济学家亚当·斯密在《国富论》、大卫·李嘉图在《政治经济学及赋税原理》中所说的贸易理论相吻合，而在时间上两者却相差1800多年。出于同样的动机，我在著述中将中国先贤的贸易之说命名为“刘安（淮南子）-司马迁定理”。我还一度有个“野心”，打算把经济学中的一些基本概念和理论用中国话语重新表述一遍，如“拔一毛以利天下而不为”对应“帕累托最优”，“金玉其外，败絮其中”对应“信息不对称”，“三个和尚没水吃”对应“集体行动难题”，等等。

在研究中国联通公司创立这一案例时我就注意到，当时的中国高层决策者最终拍板为邮电部之外的三部委倡议“开绿灯”，原因之一在于中央财力不足，难以靠财政投资去满足市场对通信服务尤其是家用电话服务的巨大需求。国企改革遇到的问题同质性很高，如果财力雄厚，靠国家新增投资吸纳已有国企富余人员，也就不会出现“刚性边界约束”下的国企内部市场化改革。于是一个新的理论命题出现在我脑海：计划经济体制下政府面临的持续且巨大的财政压力，很可能是体制改革或制度变迁的一个根本性动因。为此我和我指导的硕士研究生何帆开始阅读文献，包括《陈云文选》、黄仁宇的《资本主义与二十一世纪》、盛洪的《中国的过渡经济学》、马斯格雷夫的《财政体制》、丹尼尔·贝尔的《资本主义文化矛盾》、塔洛克的《官僚体制的政治》、熊彼特的《税务国家的危机》、保罗·肯尼迪的《大国的兴衰》、尼斯坎南的《官僚制和代议制政府》等。我们发现，几乎所有的改良、改革、变法、革命，其动因与演化路径都与政府承受的财政压力密切相关。这也就是1997年我们合作完成的《由财政压力引起的制度变迁》一文的核心思想。写作此文还让我真切而明确地意识到，财政实践和制度安排（两者在很多情况下相互重合）以及它们所决定的长期经济增长或许就是经济学最为基本的问题。这里所说的“财政”是包括货币金融在内的广义财政。持这一见解的著名学者是希克斯。他在《经济史理论》一书中明确把货币金融作为国家财政的分支或衍生物来看待。在自己有所研究或涉猎的领域为博士生提供毕业论文选题参考，是我常年坚守的一项原则。其中蔡晋博士的论文便与上述议题相关：《债务货币化的逻辑——基于1715年至1815年间法国财政危机的案例研究》。至此，制度及制度变迁理论及其运用，财政特别是与政府融资相关的货币，经济长期增长尤其是不同大国之间的增长差异，这三者可以说构成了我学术框架的三大支柱，同时也是三个主要方向，其他一切大都由其派生而来。

二 法国大革命与《伟大的中国革命》

法国大革命爆发的原因及影响或许是大多数学者在其学术生涯中或多或少都会不期而遇的问题。而我对它的关注最初主要就和财政问题有关。视财政压力为法国大革命爆发的直接甚至是关键原因者不在少数，比如托马斯·萨金特和弗朗西斯·维尔德在题为《法国大革命的宏观经济特性》的长篇论文中写到，偿债压力不仅是法国大革命的直接起因，而且在整个18世纪后期，债务危机和由债务引起的通货膨胀始终左右着动荡的法国政局。英国研究这一问题的权威学者之一威廉·多伊尔在《法国大革命的起源》一书中指出，法国大革命并不始于1789年7月14日，因为那时的法国已经病入膏肓了，真正导致这场革命的乃是1786年8月20日财政总监卡隆面谒法国国王路易十六时所说的“国家已经快破产了”。对于一个1776—1786年债务偿还占财政收入一半的国家而言，唯一有效的补救措施是彻底纠正体制内部的一切弊端以使财政真正重回正轨。当然在讨论根本原因时，经典的解释还是法国内部阶级结构发生了深刻变化，代表人物之一为阿克顿勋爵。在《法国大革命讲稿》开篇他便直言不讳地指出了这场变革起因于“使国家繁荣富裕的阶层”之权力受到了古老贵族的排斥与剥夺，他们认定自身已经是国家的栋梁了，因此国家应该改革，统治者应该是他们的代理人而不是他们的主子。即便是强调财政之重要性的多伊尔也认为，更深层次的原因还是法国精英集团内部的一场冲突，起因于偶然事件、举止失当和误解，进程一旦启动便不可预测，最后出现各种各样的“侧滑”。多伊尔认为贵族极为不满于当时体制所做的分析读来饶有趣味。鉴于上层贵族和宫廷之间的矛盾日益恶化、挥之不去的民族主义挫败感（特别是“七年战争”的失败）、看不惯资产阶级习气的弥漫和社会风气的腐化，作为既得利益者的贵族与王权疏远了，观望甚至站到王权的对立面成为他们的主要行为模式。

谈法国大革命而置托克维尔的《旧制度与大革命》于不顾是说不过去的。大革命为什么在法国繁荣的时候发生？为什么在王权努力消除法律流弊并开始行政改革的时候出现？为什么会发生在国家致力减轻民众负担之际？贵族越来越不像贵族以致法国人一看见他们心中便燃起民主的愿望，当慌乱的民族摸索着寻找新主人时，平等总是先于自由征服民心，对于一个坏政府来说最危险的时刻通常就是它开始改革的时刻，在流弊消除过程中尚存的流弊往往变得百倍的难以被容忍，应该说这就是他对上述问题的回答。贵族出身的托克维尔对大革命的评价有时又是自相矛盾的。在写于30年前的《论美国的民主》一书中他曾经对法国贵族的精神和某些崇高的品质深表赞赏，认为永远值得惋惜的是，人们不是将贵族纳入法律的约束范围而是将贵族打翻在地根除掉，从而给自由留下一道永不愈合的创口。在这里我们很容易看到埃德蒙·伯克的身影。在那封翻译成中文后长达290多页的长信《法国大革命沉思录》中，伯克对法国王室及贵族体制充满同情，那段对路易十六王后之高贵、优雅的细致描绘，对法国并非必须革命的竭力论证，对改良胜过革命这一保守主义倾向的推崇备至，时至今日仍令人难以忘怀。诚然，法国大革命对后来的欧洲社会政治经济以及观念变迁影响深远、意味深长，确实值得人们认真研究总结，然而，它在人类历史中占据的位置之高、吸引的注意力之大，均盖过了它实际发挥的作用。这恐怕有些西方中心论的味道在里边。换句话说，发生在欧洲或西方之外的革命与改良对人类的影响可能被过分低估了。

我关注法国大革命最初是因为被托克维尔的著作所吸引，后来是因为其主要起因之一成为财政压力导致制度变迁命题的有力证据。不错，正如费尔南·布罗代尔在《文明史》一书中评价的那样，法国大革命是1917年俄国十月革命之前唯一在欧洲乃至世界都具有重要意义的革命，这场始于1789年结束于1815年、由4次革命组成的大革命对世界而言，已积聚起了一种强有力的象征价值。尽管如此，我还是以为悬浮其上的西方中心论光环过于耀眼了。仅从名称上看，法国大革命很容易让人联想起20世纪发生于中国的那场由上下半场组成的革命：上半场滥觞于1949年前后，下半场起始于1978年前后。关于这场革命，美国著名中国问题专家费正清在其出版于1986年的《伟大的中国革命》一书中用了近1/3篇幅加以讨论。20世纪90年代在读西方学者著述时我就萌发出将来写一部中国版《旧制度与大革命》的念头，不过事后又退缩回来，暗中嘲笑自己有些不自量力。又过了一段时间，这个念头被压下去后不知怎么就又冒了出来。虽说当时没有确定的写作计划，但潜意识中却已经开始了准备工作，具体表现为不轻易放过所遇到的任何相关文献。如果写一部全面讨论20世纪中国变革的书难度过大，不妨就某一侧面深耕细作。即便如此，相关文献也将是海量的，而且前人大都早已在五花八门的“议题田”里深耕细作过了。好在学者的工作有时与酿酒师很类似，虽然造酒的各种原料大都是从市场上购得的，但其所酿之酒的独特醇香与口感，却取决于主料辅料的配制比例、放入的时机与先后顺序、窖藏时间以及容器选择。换句话说，在阅读与思考过程中研究者终究会拥有某种“自由裁量权”或“发挥空间”。

在后来的阅读中，我注意到西达·斯考切波早在1979年就出版了她得以安身立命的著作《国家与社会革命：对法国、俄国和中国的比较分析》，研究对象为三场社会革命，即1787年到19世纪初的法国大革命、1911年至1949年的中国革命和1917年至20世纪30年代的俄国革命。选择这三个国家的理由在于，无论是在旧制度方面还是在革命的进程和结果方面，法国、俄国和中国的革命都显示出了极强的相似性：它们都发生在政治上颇有抱负的农业国家；它们当中没有一个国家曾被殖民者征服；它们的旧制度都是原生型官僚独裁制；它们都突然面临经济上更为发达的军事竞争对手。三场革命的结果丝毫不差：一个中央集权的、官僚的、将大众结为一体的和更加独立自主的民族国家，而且在国际舞台上作为大国的潜在能力也得到了提高。斯考切波对社会革命的研究给人以力透纸背的印象，部分原因在于她遵从了马克思阶级分析和列宁在《国家与革命》中阐述的马克思主义国家学说，更重要的还在于她所奉行的比较历史分析方法。这种方法压倒一切的目的，是建立、提炼和检验以民族国家为宏观单位的因果解释假设。它鼓励人们通过一系列历史案例去阐明在宏大理论视角下提出的因果性观点，从而为理论思考提供了一种有效的检验或支撑。比较历史学是理论与历史学相互作用的产物，特别适合于研究变量很多同时案例不充分的现象。比较历史分析学者的使命及其潜在的、独特的学术贡献，在于发现涵盖各种历史场景的因果规律的一般性论点。她还特别说到，视野广阔的比较历史分析必然要从第二手资料中引用大部分论据。我在此较为完整地转述斯考切波的论述，一是因为我们都对重大社会革命生成的机理、过程与影响难以割舍，二是由于我们都对比较历史分析情有独钟，三是出自我们对理论与历史互动的内在认同。这一认知理念多年来一直左右着我的几乎全部与历史有关的研究，并且将继续指引我未来的思考与写作。

三 《读书》与评书

构思学术论文往往与写书评杂论并行。《读书》杂志应该是我唯一完整收集保存的月刊，我也为能够借助这个中国重要的知识界平台与其他读书人交流感到愉快。杂志编辑部中我接触最多的是经济学编辑贾宝兰女士和杂志主编沈昌文先生。虽说刊物和作者之间是互助互利的关系，但我对他们至今仍心存敬重与谢意。如果没记错，我先后为《读书》写过20余篇文章，加上在其他刊物发表的文章，自认为值得一提的书评是关于如下几本书的：林毅夫、蔡昉和李周的《中国的奇迹：发展战略与经济改革》，突出比较优势在发展中的关键作用；余永定的《我看世界经济》，阐明左右全球经济运行的主要变量；张五常的《卖桔者言》，洞察经济学课本原理和真实世界之差别；塔德·舒尔茨的《昨与今：战后世界的变迁》，集大写意与工笔画于一身；戈尔巴乔夫的《改革与新思维》，论述逻辑清晰但事与愿违；索尔斯坦·凡勃伦的《有闲阶级论》，读后让人鄙视或嘲笑"炫耀性消费"；布坎南的《自由、市场与国家》，给人感觉似乎带有些"形右实左"的味道；迈克尔·曾伯格的《经济学大师的人生哲学》，带你触摸经济学的"灵魂"；戴维·洛克菲勒的《洛克菲勒回忆录》，使人意识到真正"掌控"世界的正是他们这些人；康德的《道德形而上学原理》，用晦涩语言说明与人类经验无关的道德原则；威廉·伯恩斯坦的《繁荣的背后》，一本由精神病医师撰写的，同时让我等职业研究者有汗颜之感的著作。与此同时，我还撰文介绍或评价过一些经济学家或他们的著作。除了前面已经提到过的里斯卡和奥尔森外，还有梅纳德·凯恩斯、罗伯特·福格尔等人。

1997年春节前后，在《光明日报》记者陈蓬的安排下，我和研究生院的同学盛洪博士在郊区对话了整整三天，形式是纯粹的聊天，事前完全没有确定主题。陈蓬根据二十几盘录音带整理了三四个月，毕竟那是一份二十几万字的书稿啊。不过这本题为《旧邦新命：两位读书人漫谈中国与世界》（简称《旧邦新命》）的对话集的出版还是几年以后的事。当年曾担心自己过于年轻气盛，我一开始就谈张岱的《夜航船》，后来话题越谈越广，从政治经济到社会文化，从古代历史到近现代历史，从国内到国际。为了准备这篇学术自传，我又大致翻看了一下旧作。东汉杨修曾经谈到过的那种“悔其少作”的感觉自然是少不了的，但它终究还是比较完整实在地展现了那个时段我的认知能力、观察视角和关注议题。我粗略地数了一下，在三天的对话中我先后提及或引用了100多本著作，这也难怪有读者说阅读此书有点儿“评书”或借他人之口述己之见的味道。应该讲，他们的感觉有几分准确，因为我当时的确有借“对话”之机条理化所读到的各种观点或理论并巩固阅读记忆的目的。这让我想起了一句好像是出自汉娜·阿伦特之口的话，大意是说要不是因为记忆力不好，否则她一个字都不会写出来。几年前一次攀谈时我的学生管清友还提到，我后来的几乎所有讨论的问题基本上都可以在《旧邦新命》中找到线索。他很可能是对的，因为引用和评论书籍的过程就是思考的过程，也是提出问题的过程。也许更重要的是，许多东西都是潜移默化的，特别是思想类的种子在读书行路过程中已经埋下了，当遇到适合的土壤就自然会生长。简言之，在对话或辩论中理清思路形成想法是一条行之有效的学问成长之路。

记不起在哪里读到美国前总统西奥多·罗斯福讲过的一句话：如果不说出来我怎么知道自己都想了些什么。此话乍一听有些不着边际，说出的话难道不是事先“存在于”脑中吗？但仔细思忖后又很可能会觉得那是至理名言，因为证明你知道什么或想过什么的唯一，至少是最有效的途径，就是表达出来。做有分享的阅读，并在与人分享过程中努力说出新思想或新的表达方式，一直是我学术实践所追求的一个目标，也是我在课堂上挂在嘴边的话。而“做有分享的阅读”，最直接的路径就是写书评，或是在各种场合加以引用、评论，推陈出新。对我而言有效分享的必要前提是勤做笔记。伊丽莎白·埃姆斯在《罗素与其同代人的对话》一书中谈到，罗素引入其他哲学家的方式很独特，不拘泥于细节，比如不是问谁说了什么或那句话究竟是什么意思，而是问“我能从这位作者那里获得什么观点？”“哪些提示、线索、见解可以为我所用？”对罗素而言，他人的著作乃是进行当前探讨的主要材料来源。记得当时我一读到这句话便把它记在了笔记本上，一方面是为了加强记忆，另一方面也是为了将“罗素读书原则”准确地传授给学生，以便让他们更有效率地阅读。说到做笔记，我的体会是好记性不如烂笔头，读过的书甚至是画了线做了批注的书，重读时你会发现它们常常会被忘得一干二净。正因为此我养成了做读书笔记的习惯，30年来记录了200余万字，并且经常翻看。我后来发现，许多学者都做笔记并时常阅读自己的笔记，包括哲学家罗素。此时此刻我不由得想起了我喜欢的土耳其作家奥尔罕·帕慕克。他在《别样的色彩：关于生活、艺术、书籍与城市》文集中写道，旧书重读的一个好处是你至少是在和两个人一起读，即现在的你和作者本人、过去的你共同品读（大意）。读自己的笔记或旧作是现在的你和曾经的自己对话。

和撰写书评有关，我还发表了200多篇学术文章、杂文、访谈、序跋及会议发言等。上述文字大都收录于我的五本文集之中：《说服自我》、《经济学与常识》、《键盘上的经济学》、《政治算数》（编辑中）、《经济与政治中的中国与世界》（编辑中）。我至今仍十分怀念1986年夏入世经政所工作到1997年秋被借调至外交部到中国驻纽约总领事馆任领事期间那段轻松快乐的时光。那时的我常常是漫无目的地读书，也常常因和同事“聊大天”错过电梯运行时间而从15层的办公室步行下楼，碰到或想到有意思的问题立刻就动笔，《铁丝网畅销与产权明确化》《家族经济的现代意义》《经济学与数字3》《罗斯福·凯恩斯·希特勒》《从经济学看生活品位》等随笔都写于那个时期。 不无遗憾的是，这类文章最近十几年则绝少见到了。好在过不了多久我就可以卸下肩上的行政担子而复归散朗，得闲时借文字攀谈家常，聊叙乐事。说到“乐事”，我随即忆起了18年前翻译互联网上数百条经济学家笑话的情景，其中有些用意“歹毒”，直戳经济学各处软肋。从专业性甚强这一点看，笑话的炮制者主要来自经济学家群体。他们对经济学和经济学家嬉笑怒骂讽刺挖苦，在调侃的同时还让人感受到其骨子里的自信与高傲。在将译文作为《键盘上的经济学》附录发表之前，给每则笑话起一个恰如其分的中文名字真可谓煞费周章。

叁

从总领事馆领事到社科院院长学术秘书

一 客串外交官

如果硬要按时间划分我的学术研究历程，那么1997年10月便是一个分界点。时任社科院副院长的刘吉率团访美途经纽约时，时任中国驻纽约总领事馆总领事邱胜云大使请刘吉院长推荐一位研究国际经济的社科院学者到总领事馆工作，后来就选中了我。换个环境、换种活法、迎接挑战是我决定去美国的三个理由，而更直接的动力则来自刘吉院长的鼓励。当时在刘院长的倡导下社科院成立了一个非正式的青年学者平台，经常参加讨论会的有十几位，每次都是刘院长出题目并主持讨论，然后形成纪要上报有关部门。我记得其中一次讨论会在郊区开了两天，事后每人领了写作任务，再后来就是那本题为《与总书记谈心》的著作的出版。我到了新的工作岗位后不久就给刘院长写信汇报。刘院长回信中的话今天回想起来仍令我动容："北京家里有什么困难尽管提，我来帮你解决。"我猜想刘院长选中我除了因为在青年研讨班上对我有所了解外，还在于他知道过去三年社科院年度国际形势报告我都是主要执笔人，而写国际形势报告，美国的分量自不待言，其中1995年报告主题就是美国。后来我还据此完成了一篇学术文章，以《透过美国看当今世界——兼评一九九五年国际形势》为题发表在《国际经济评论》上。我与美国研究"结缘"的另一渠道是中国世界经济学会。该学会的挂靠单位是世经政所，下辖一个中青年委员会。大约从1991年开始，学会的浦山会长等前辈决定由我担任中青年委员会的协调人。在我1997年去美国之前的五年间，我们每年都会组织一次研讨会，参加者为全国各大学和科研机构的中青年世界经济学人。青年人热情又不失激烈的争论场面，如今历历在目，其中许多人如今都已是所在机构的科研领军人物。当时我们讨论世界经济时，关注的焦点自然是美国。这样看来，此次去纽约工作也算是随缘吧。

外交官生涯远非我想象的那么丰富多彩。我的工作十分单一，就是在全球经济的“心脏”潜心跟踪研究美国经济。跟踪研究意味着必须关注时事和走向，因此看报纸和商业杂志以及智库报告成了我的常规工作。也许是由于专业性强，没有人告诉你或指示你学什么，所以必须靠自己去捕捉或挖掘题目。总领事馆有一间不大的图书馆，我欣喜地发现书架上有一本马丁·迈耶写的《外交官》，还有整套的《孙中山全集》。读了迈耶的书我才知道，世界上绝大多数外交官的工作都差不多，主要就是在读所在国报刊的基础上写报告。聪明的外交官则不怎么看大报名刊，而是读一些高质量的地方性报刊的评论文章，并依此归纳提炼出深邃独特的观点。迈耶的建议很实用，因为我确实从阅读《基督教科学箴言报》和《商报》过程中获得了许多有价值的信息与观点。在《孙中山全集》中我找到并重读了《中国存亡问题》和《治国方略》。孙中山对清政府外交的无情批评可谓一针见血、入木三分，然而书中收录了他在太多场合的演讲，开头通常是“兄弟我今天来给大家讲讲‘三民主义’”，读起来重复感很强。工作之余我还去哥伦比亚大学、耶鲁大学和哈佛大学听了一些学术讲座，并和纽约的几个智库建立起了工作联系。时任国务院总理朱镕基访美时我负责他在纳斯达克总部的一场活动。作为活动负责人，我应邀参加了公司的接待准备会和彩排。为了保证万无一失，总领事馆也开了不少会。这种经历，让我对中美两种文化之间、政府部门与公司之间的思维与行事差异有了直接且独特的感受。此外，我还全程参与了接待时任社科院院长李铁映访问纽约和波士顿的工作。日程之紧以致在送行后回驻地的车上我竟睡了一路。也正是由于这次接待，我后来的经历又发生了一次变化。

1998年，张宇燕（右一）在纳斯达克总部，旁为中国驻纽约总领事馆同事孟祥斌

1992—1993年在美国访问进修和1997—1999年在美国工作两年，其间的区别不只体现在时间长短上，更体现在任务的性质上。做访问学者时，见的人不是教授与学生就是图书馆工作人员和在美留学的同学或访问学者。在总领事馆工作虽然主要也是阅读，但接触的人则大不相同，除了从前交往不多的智库人士外，还有前面提到的大企业高管、政府官员、新闻媒体人士、公司经济学家，我甚至还和同事一起前往纽约附近的伊丽莎白拘留所因所谓中国非法移民遣返事宜与美国司法当局交涉过。我在纽约工作的两年正值亚洲爆发金融危机。危机进入中后期，市场关注的焦点开始转移到人民币是否贬值上来。知名会计师事务所普华永道的三位经济学家就此议题做了专项研究，并将研究成果向其高端客户通

报。我应邀旁听过程中竟被问到是否同意三位报告人所得结论，即人民币贬值的概率为1/4。我回答说基本同意，差别在于我认为不贬值的概率为1。他们马上问我有模型吗，有数据支持吗，我说都没有。他们进一步追问为什么敢如此肯定人民币不会贬值。我说中国的总理说了不贬值。事后证明我说的是对的。而当时从他们迷惑不解的眼神里我突然明白了一个道理，那就是如果你想要对一个国家的行为有充分的理解，仅靠模型和数据是远远不够的，你还必须对这个国家的政治经济社会制度有深入的了解，对这个国家的国民性有充分的认识。我的另一段经历更是强化了我的这种认识。美国轰炸我国驻南斯拉夫大使馆后不久，我陪同总领事馆领导参加活动时遇到一位美国联邦政府前高官。在回答我谁是炸馆事件主谋的问题时，他说那是反克林顿政府的中低层情报部门人员干的。当时美国经济如日中天，用个人私生活丑闻也没能把克林顿总统整下台，因而这批人只能从外交上给他找麻烦。尽管这一不同于官方“误炸说”的观点可能仅为一家之言，但我还是真切地感到上了一课：在美国为了集团利益无所不用其极不只是书本上写写而已。

虽说上学期间就知道货币在国际经济关系中的重要性，但真正引起我研究兴趣的还是前面提到的亚洲金融危机和人民币贬值，再加上1998年拉美货币危机引发的美元化争论。那一年春夏之交，巴西先是爆发货币危机，雷亚尔对美元大幅贬值并迅速蔓延。当时阿根廷实行的是所谓“货币局制度”，即以美元储备为支撑维持比索与美元1∶1的固定汇率。它的好处是规避汇率风险和抑制国内通胀，坏处是丧失了货币政策的独立性，以至于当巴西等拉美国家货币兑美元比值暴跌时，阿根廷国际竞争力迅速减弱、外汇储备急剧减少。梅内姆政府从政策工具箱中挑中的对策之一是干脆将阿根廷经济彻底美元化，即废弃比索而以美元代之，并准备与美国谈判。鉴于欧元区即将成立，欧元很可能成为美元的现实挑战者。鉴于加拿大和墨西哥这两个美国重要贸易伙伴和美元化程度已经不低的国家也有人主张步阿根廷后尘，一时间美元化在美国也成为热议话题，重量级的国际经济学家罗伯特·蒙代尔、保罗·克鲁格曼、理查德·库珀、罗伯特·巴罗、史蒂夫·汉克等均积极投入到了政策辩论之中，美国参议院还专门就此举行了听证会，彼得森国际经济研究所弗雷德·伯格斯滕等到会进行说明并回答了提问。兹事体大，我旋即开始跟踪研究，特别是按图索骥找到了凯文·多德等主编的专业论文集《货币与民族国家：金融革命、政府和世界货币体系》。基于此，我完成了在两年外交官任上唯一的一篇论文《美元化：现实、理论及政策含义》，发表在《世界经济》1999年第9期上。

1998年，张宇燕（右二）和中国驻纽约总领事馆同事访问纽约州个体养牛场

二 反思民主

在读了托德·巴克霍尔兹的《已故西方经济学家思想的新解读》一书后我才意识到，凯恩斯有关政治家的两大行为假定构成了公共选择理论的逻辑起点。此书作者指出，凯恩斯不担心失控的政治家和官僚主要基于两个原因：第一，他似乎坚持马克斯·韦伯关于政治家行为的一个观点，即政治家们尽管不受康德式的道德规范约束，但仍然要受一种责任伦理的约束，也就是说不能或不会为了私利而无视公共利益，同时，凯恩斯也信奉韦伯关于官僚忠实且不动感情地服从上级命令的论点；第二，凯恩斯接受了这样的预设，即政府应该而且也是由一个受过良好教育的贵族（群体）统治，他（们）往往会超越狭隘的私利去辩论那些紧迫的社会问题，因而政策出问题不是因为高贵的动机和理性，而是糟糕的逻辑导致了愚蠢。这一点在其《就业、利息和货币通论》得到了明确的阐释：与观念的逐渐侵入相比，既得利益的影响被过度夸大了。归结为一点，凯恩斯假定存在着一只“看不见的政治之手”，从而确保了政治利己主义和公共利益的融合。这大概也是他对自己的“劝说能力”充满信心的原因。文风泼辣且文笔优美的巴克霍尔兹对凯恩斯的评价直指要害：这只“看不见的政治之手”在一个复杂的世界里失去了控制，因为经济学家不能设计一个反映市场的政治逻辑体系。读到这里我立刻想起《凯恩斯传》的作者罗宾逊回忆凯恩斯在课堂上传授给学生的“独门秘籍”：研究古典经济学家最有趣的部分就是去发现他们得出结论前的隐含假定，这些假定通常比结论要多，而且几乎都是错误的或不符合实际的。我估计像凯恩斯这样的绝顶聪明之人应该料到后人会以其人之道还治其人之身，不过他不在乎。他宁愿让不成熟的作品先行问世，让广大的世界各取所需，然后相信公众的智慧，集思广益。无论是“独门秘籍”还是“先发后改”，对我而言均有借鉴价值。

书读得越多就越容易看到不同学者之间相互借鉴传承的线索。事实上布坎南、奥尔森等人——按照《新制度经济学前沿》一书主编约翰·德勒巴克的说法，公共选择属于新制度经济学四大流派之一的思想渊源在熊彼特著作里也不难发现，比如前面提到的所谓“看不见的政治之手”，就完全被熊彼特在《资本主义、社会主义与民主》一书中分析过的“民主制度四大条件”所涵盖：其一，政治人物的品质必须很高，他们在客观上把政治视为天职，并经过严格挑选；其二，政治决定的有效范围不能扩展太远，因为民主政治并不要求国家履行每种职能；其三，存在着一支官僚队伍，他们出身良好、训练有素、责任心强、拥有集体精神；其四，民主必须具有自我约束力，选民和代表都需要有很高的智力和道德水准，不为歹徒和狂人的献纳所动。无论是凯恩斯还是熊彼特，他们给出的民主制度得以有效运行的条件均十分苛刻，即便是西方发达国家，要全部满足谈何容易。

关于民主的本质，我们不妨也听听企业家和外交官的说法。在《亨利·福特自传》中作者写道：现在也许再没有什么词比“民主”这个词用得更滥的了；我拥护的是这样一种民主，即根据每个人的能力给予其平等机会，它和“谁应该成为老板”这样的问题压根就没关系。在周建明、王成至主编的《美国国家安全战略解密文献选编（1945—1972）》（第一册）中收录了乔治·凯南1962年写给国务院的一封长信，收件人是时任国务院政策计划委员会主席的经济学家沃尔特·罗斯托。在信中凯南以美国驻贝尔格莱德大使身份强调指出，那种把专制和寡头等各种制度视为异常、应通过更美好的标准和启蒙加以克服的畸形的观点完全错误，实际上美国的制度才是例外的和反常的，那种在非洲国家推广美国模式的政策是不负责任的。在这里，凯南作为职业外交家自然而然地把制度条件从国内推广到了国际，并入木三分地点出了美国外交政策的误区。从现实发展看，凯南的分析被当成了耳旁风，其中的缘由或体制机制值得研究者深思，也完全可以作为一篇论文的主题。

在同一封信中凯南还提到一个事实，即国际主权被不

2013年，张宇燕（右一）与苏丹学者交流

明智地和慷慨地赋予了许多不成熟的政治实体。他的这句话和熊彼特在讨论西方民主时讲的“人民都是扶不起来的阿斗”（中文翻译很“给力”）出奇相似。这不知怎么一下子让我联想到墨索里尼的著作《法西斯主义的学说》，尽管他们之间有着很大区别。墨索里尼眼里的法西斯主义与兼容并蓄丝毫无缘，人们之间的不平等是不可改变的、能促进生产的、有利的，法西斯国家把民族组织起来，剥夺无益的或有害的自由，保全那些必要的自由；而民主制度则是这样一种制度，在这种制度下，人民随时被诱使相信自己是在行使主权，实则真正的主权始终由他人掌握和行使。从一定意义上讲，在意大利出现系统完整的法西斯主义并非空穴来风，500年前马基雅维利在《君主论》中陈述的思想，在100多年前的莫斯卡的《统治阶级》和帕累托的《精英的兴衰》中可以说是若隐若现。在帕累托眼里，“精英”是指最强有力、最生机勃勃和最精明强干的人，而人类的历史乃是精英不断更替的历史。或许这也和存续了500年（或1500年）之久的罗马帝国有着藕断丝连式的关系。对精英统治的研究在西方已经比较成体系，美国学者包括查尔斯·米尔斯和威廉·多姆霍夫，他们的代表作分别为《权力精英》（以及其姊妹篇《白领》） 和出了许多版的《谁统治美国：权力、政治和社会变迁》。最近10余年出版的有约翰·米尔斯海默和斯蒂芬·沃尔特的《以色列游说集团与美国对外政策》与查尔斯·凯罗米里斯和史蒂芬·哈伯的《人为制造的脆弱性：银行业危机和信贷稀缺的政治根源》。这类书属于研究美国国内政治的必读书。

2019年，张宇燕（左一）在世经政所与来访的芝加哥大学教授米尔斯海默交谈

三 拓展视野

我于1999年秋回到北京并开始担任时任社科院院长李铁映的学术秘书。借调到外交部工作虽然身份变了但工作性质大致相同，都是读文献外加写作。学术秘书这份工作则大不一样，至少在开始的几个月，尤其是日常行政工作，对我可谓极具挑战。随着工作慢慢上手，人的心态也平静了下来。我在这个岗位上工作了三年多，虽说书本知识增量可能有限，但书本以外的知识和体会则收获颇多，阅历、视野和理解力都有了积累、拓展和磨炼。以前很少关注的诸如语言学和考古学等学科，从一张白纸过渡到了兴趣渐浓。这段工作经历给我留下深刻记忆的事情不少，这里仅提两件。李铁映院长主持了重大科研项目“论民主”，我虽不是课题组正式成员，但列席了课题组数十次研讨会，而每次旁听对我来说

都是一次学习和了解法学、哲学和政治学难得的机会。

世纪之交，正是全球化浪潮风起云涌之际。李铁映院长亲自挂帅，调集社科院多个研究所力量，集中研究经济全球化这一重大且影响深远的人类发展潮流。考虑到我的学术背景是国际经济，我便被指定做了课题组秘书。2003年初，铁映院长离开社科院去全国人大担任领导职务后，我便把课题组的协调工作接了过来。本课题50多万字的研究成果后来以专著形式公开发表，书名为《全球化与中国发展》。全球化问题涉及国际问题研究的方方面面，对综合研究能力或跨学科研究能力要求很高。也正是在这一课题研究过程中，我初步形成了自己观察、理解和分析国际重大问题的认知框架并受益至今。几年前在庆贺李铁映院长80岁寿辰的会上，我用下面的话表达了我对老人的敬意：铁映院长既是我的领导，更是我的老师，我从他身上看到了很多社科院其他学者了解的和可能不大了解的高贵品质。

关于中国哲学社会科学的传承、创新以及社科院自身的发展，李铁映院长均有极深的思考与真知灼见。仅就社科院所属40个左右研究机构之间的分工与合作，铁映院长在多个场合讲过，研究有三类，即“己学”“彼学”“关系学”。这在《李铁映社科文集》（三册）中也多次被提到。所谓“己学”，是指涉及

2002年，张宇燕（右一）访问喀麦隆丰班王国

中国自身的学问；所谓“彼学”，是指关于外国的学问；所谓“关系学”，是指有关中国与外国之间关系的学问。按照这一分类，我所工作过的世经政所、美国研究所和亚洲太平洋研究所（简称“亚太所”），研究的“主业”都属于“彼学”，同时涉及中国与相关国家和全球事务的关系。这也正是社科院设立这些研究所的初衷或主要目的。全面了解外部世界或对象国、准确理解外国专家学者或决策者所表达的思想，均远非易事，即便毕生兢兢业业也未必能够如愿以偿。而达到这一目标的有效或许是唯一的途径便是大量地、仔细地，甚至是不断重复地阅读。掌控《纽约时报》的苏兹贝格家族成员之一，也是该报重量级记者赛·利·苏兹贝格在其《七大洲风云四十年》（下册）中，辑录了1973年1月他与时任美国国务卿的亨利·基辛格会面的日记。基辛格当时正在巴黎与越共政府代表进行谈判。在回答苏兹贝格关于谈判的感受时基辛格用阴郁的语调回答说，他已变得如此灰心，以致在越南人的问题上，他真感到自己正在变成一个种族主义者。我曾经几次在课堂上提问学生，基辛格此番话的真实含义是什么。

据说法国启蒙思想家、坚定的无神论者伏尔泰的书桌上长年存放着一本《圣经》。当被问到为何这样做时伏尔泰答道：“作为一位无神论者，我必须比基督徒更了解《圣经》。”也难怪伏尔泰的无神论思想经久不衰。不管我读到的这则故事是否真实，但它所传递的信息已经根植于心：批判性地透彻研究博弈对手，是更好合作或赢得竞争的必然要求。关于这一点的一个真实例子出自英国哲学家伯特兰·罗素。在读了他的《我为什么不是基督徒》一文后我的一个强烈感触是，文章所具有的巨大冲击力无疑与作者对《圣经》以及基督教历史的如数家珍和透彻理解密不可分。谈到罗素，我突然想到了一段关于这位无神论者的有趣轶事。大约5年前我在读阿马蒂亚·森的《以自由看待发展》一书时留意到一个脚注，说的是在森和以赛亚·伯林的一次闲聊中伯林提到有人曾经问罗素，万一死后发现《圣经》上说的都对，那么他该如何面对上帝呢。这位因讲过“未经证实就去信仰是极其危险的”而被A. J. 艾耶尔在《语言、真理与逻辑》中突出强调的实证主义哲学家回答说：“如果是那样的话，我会对上帝讲，伟大的主啊，为什么你向人类显示自身存在的证据如此之少。”罗素的回答简直是妙不可言，难道不是吗？我第一次听说罗素大名是读他的《西方哲学史》。罗素于1950年78岁时获得诺贝尔文学奖，而他的第一篇小说《X小姐科西嘉历险记》写于两年后。不知怎么，我在读罗素的著述与生平时总会不自觉地想起林语堂写的《苏东坡传》，尽管两人的背景天差地远。

担任院长学术秘书期间，自己能支配的时间尤其是到外地出差调研的机会不多。尽管李铁映院长曾说过几次让我去他20世纪80年代初曾经担任过书记的辽宁省海城市看看，但最终成行还是2003年。由于许多关于海城的故事都亲耳听铁映同志讲过，因此第一次到海城的我有一种故地重游的感觉。在参观海城市东三道农业产业化示范区时，所见所闻像一块巨大磁石把我吸引住了。东三道原是个行政村，1994年就注册成立了东鑫公司，后经批准兼并了两个建制村和一个村民小组，在此基础上成立了拥有916家农户、6100亩（1亩≈666.7平方米）耕地的示范区。该村党支部、村委会、公司管理层一共五人，一套人马，交叉任职，其中书记、村主任、公司董事长和总经理由一人担任，人称“一把手”。在东鑫公司和一家香港果菜公司签订了长期蔬菜销售合同后，村民自愿地把承包的耕地做股投入村公司，自己再以股东身份受雇于公司并挣得工资。得益于土地规模经营，该村（或示范区）无论是村民个体还是村集体收入都快速增长，包括医疗和教育在内的村民福利和村域公共设施建设均上了一个大台阶。记得参观时我就向“一把手”提了许多问题，并和“一把手”初步建立起了友谊。

回到北京后也许是印象过于深刻，大半年后我带着学生时红秀和李增刚再访东三道。在和“一把手”深谈过程中我们进一步加深了对这种新型组织的认识和了解。它既不同于通常意义上的行政村或示范区，因为村民都是它的股东，也不同于人们通常理解的企业，因为它是典型的“企业办社会”，员工福利和收入均取决于他们的“村民身份”。我慢慢意识到，随着市场环境、要素价格特别是产权制度的变迁，中国农民从来不会放过寻找更好实现自身利益的制度安排的机会，而在东三道发生的一切正是鲜活的制度创新，非常值得学界进行总结、提升和推广。于是我们三人合作撰写了论文《中国农村的社区型企业——以辽宁省海城市东三道村为例》，这也填补了我对中国改革开放研究的“农村”空白。

肆

在社科院研究生院教书：教学相长

一 开设国际政治经济学课程

绝大多数学者本人同时又是教师，或者有过教书经历。我从20世纪90年代中后期便开始在社科院研究生院偶有间断地上课，并开始带硕士研究生。在三年多的学术秘书岗位上，出于担心日常行政工作使自己游离于学术研究，我从2000年开始在研究生院开设国际政治经济学这门课。虽然起步阶段非常艰难——也感谢何帆那时在我准备讲义过程中提供的帮助以及在我因出差无法上课时代课，但我还是咬牙坚持下来了，并且一讲就是20年，在其间的15年中还开设了制度经济学原著选读课程，后来由于时间安排等因素，这门课被迫停掉了。于我而言，教书的最大收获除了《孟子·尽心上》中所说的“得天下英才而教育之”的“乐”外，更有《礼记·学记》中所说的“教学相长”。教书“逼”我读书而且必须认真读。我至今仍记得那次由于种种原因没有事先精读所要讲解的论文而在课堂上出现的“窘况”。教书还让我经常置身于学生的挑战之中，也让我真切地享受到我称为“有分享的阅读”之快乐，帮助我提高口语和文字表达能力。彼得·德鲁克在《激发我一生的七段经历》一文中讲到，1950年1月刚当上教师的他陪父亲去看望约瑟夫·熊彼特，熊彼特上大学时曾是德鲁克父亲班上最聪明的学生，28岁便因《经济发展理论》而名扬于世，并说过一段广为流传的话以表明自己的“人生目标”：欧洲最伟大的情圣，欧洲最伟大的骑师，或许还有世界上最伟大的经济学家。当昔日的老师问他此刻想留下什么声名时，这次会面5天后便离世的熊彼特回答说，他最想留下的声名是一位培养出六七名一流经济学家的教师，因为仅靠书和理论留名远远不够，一个人如果不能改变人们的生活他就什么也没能改变。读到熊彼特上面一段文字时我内心充满感动。我没有熊彼特那么高的目标，但我会以陈岱老为榜样，竭尽全力成为一名得到大多数学生认可的教师，并真诚希望能以教师身份结束自己的学术生涯。

2006年，张宇燕（左二）与学生在一起

当年我在北大读世界经济时课程主要分为两大类，即经济学基础课和世界经济专业课，包括“世界经济概论”以及国别和地区经济，如美国经济、日本经济、苏联经济、东欧经济和发展中国家经济。社科院研究生院所设课程和学习氛围与本科有同有异，而“异”之所在，既体现为老师授课风格和讨论层次不同，也表现在学生教育存在背景差别，后者主要因为研究生院的世界经济课是所有涉及国际问题研究的八个系学生共同的必修课，而大约一半的学生是非经济学背景（主要是国际政治）的研究生。因此当2000年我接手担任研究生院世界经济课主讲教师时，我意识到必须在教学内容上有所改变，而且改变的条件也基本成熟。在经济学中有一个重要分支叫“国际经济学”，最初作为宏观经济学的国际延伸来对国际贸易和金融等问题进行研究。而在国际政治或国际关系研究界，长年存在着一个名为“国际政治经济学”的重要分支，它以政治学和历史学为基础展开对国际经济关系的研究。20世纪90年代中期，读到卡尔·哈达赫《二十世纪德国经济史》开篇的一句话，对经济学背景的我而言受到的震撼可想而知：经济史不仅反对任何知识的单一化，更重要的是它坚信决定命运的不是经济而是政治……经济事件和整个经济制度在很大程度上受政治决策的影响。这又让我想起了让-雅克·卢梭在《忏悔录》中也讲过的类似的话：一切都从根本上与政治相联系；不管你怎样做，任何一国的人民都只能是他们政府的性质将他们造就的那样。随着学术积淀和感悟的演化，我也越来越认识到政治和经济两者的密不可分性。不了解世界经济则很难对国际政治有精准的认知，而不熟悉国际政治便无法对世界经济有深刻的理解。于是我决定努力在国际经济学和国际政治经济学之间架起桥梁，运用经济学基本理论尤其是政治经济学原理来研究国际关系或全球政治，我所讲授课程的名字也转化成“国际政治经济学”。

把博弈论思想引入传统的世界经济教学是我的努力之一。读博期间罗伯特·阿克塞尔罗德的《合作的进化》一书给我留下极深印象，在论文写作时我特别参考了他依据“投桃报李以牙还牙”原则通过多次博弈走出囚徒困境的实验结论。后来读到罗伯特·奥曼访谈时我了解到，博弈论的许多重大突破都起因于20世纪60年代美苏核武器谈判过程中美国谈判团队向奥曼等博弈论专家提出的需求。由于没有精力去补习高深数学以读懂奥曼等人的“数理博弈论”，我的重心就放在了托马斯·谢林的“非数理博弈论”上。在读了谢林的《冲突的战略》之后我逐渐意识到，博弈论在国际问题研究中的应用前景可能比在经济学和社会学中更广阔。正是在此书中，谢林借助逻辑和实验阐明了“破釜沉舟”在谈判中的关键作用，给出了国家间冲突利益和共同利益并存的推理起点，用敲诈等破坏性行为和正规就业等建设性行为之间的高度不对称解释了规则在防范前者上的重要价值。他在1985年发表的题为《自我实施规则》的论文中提出：人为何会自律？什么样的规则更有效？何种规则更容易被遵守？目标在规则之上并超越规则吗？你一旦看见这些问题就会受到激励而不断地思考。如果把国家“人格化”，“谢林问题”无一例外都是现实世界中机制化国际合作的核心问题。在2005年诺贝尔经济学奖颁奖典礼上谢林的获奖演说题目叫《广岛的遗产》，从头到尾谈论的竟是和经济学无关的“二战”后核武器成为禁忌的过程，他的第一句话更是让我没齿难忘：在人类过去60年的历史中最重要的历史事件是有一件事没有发生，即核大战没有打起来。话居然可以这样讲！这也难怪有人宁愿把他看作是国际问题理论家而非经济学家。

说到这里我讲两句题外话。学术研究积累到今天，对于绝大多数研究者来说，几乎任何能够想到的问题，一旦潜下心来收集资料就会发现，成百上千篇论文或专著早就在那里等着迎接你呢，我们根本不可能卒读，而广泛深入阅读的直接结果，往往是让你觉得该说的和能说的话前人已经说得很全很好了。上课时学生们也经常向我提出如何读书以及学术研究的意义等问题。面对浩如烟海的文献，我的阅读理念首先是要尽可能多读，因为这是从事研究工作的必要条件。从所提问题的方式、内容和质量上看，学生之间认知和见识上的差距，在我看来首先体现在阅读数量的多寡上。至于读什么书，我给学生的建议是有重点地读和自己专业有关的两类书，即经典著作和那些30岁左右就获得了著名高校正教授头衔的年轻学者的文献。经典可以有许多定义，不过在我看来，它们就是那些在时间长河中经受住了大浪淘沙式考验而留存下来的名作。读当代青年才俊的著述，是因为他们在相当意义上代表着未来。再有就是阅读时还须下点苦功夫和笨功夫，比如做读书笔记。做笔记不是简单的抄写，而是总结归纳，是把书中的观点融入自己认知结构的过程。最后但绝非不重要的是读以致用，所谓“用”，指的是写作，更一般的说法是表达和分享。我十分推崇郑也夫教授的一句话：写作是最好的学习。正是在写作或表达过程中，人才会有条理地思考和回答问题。2006年秋在接受社科院研究生院学生采访时，作为回答我曾送给学生五句话：直接向大师请教；以问题为导向进行思考；写作是最好的学习；理论模型与经验事实并重；以国家利益为支点。14年后的今天如果要做什么补充或修改的话，那么我想加上一句“努力去发现和欣赏思想之美”，并把第五句替换为“思国安者集大义”。从某种意义上讲，人和人的区别主要体现在读不读书、读什么书以及跟谁一起读书。

二 透过经济学看国际政治

在研究生院教书的另一大实实在在的收获，是60多万字的《国际经济政治学》于2008年出版。这本著作脱胎于我的讲课大纲。我招收的第一位博士研究生李增刚连续三年听了三遍我讲的同一门课。由于每讲一遍我都会在文献上进行许多替代或更新，对一些议题的认知或理解也有所修正与提升，故李增刚每一学期听课都做了比较详细的笔记。以我各版讲课提纲和李增刚课堂笔记为基础，我们共同使书稿得以杀青。书名没有和课程名称保持一致，不仅是因为以“国际政治经济学”为名的著作已经有很多了，更是因为书中理论基础和逻辑架构与“国际政治经济学”相距较远以至于必须有所区别。在搭建理论框架的过程中，我遇到的第一个困难是如何界定“国家利益”概念。理论上讲某一国的国家利益应该代表每一位，至少是绝大部分国民的利益，而现实中旨在最大化国家利益的政策或制度往往具有明显的“非中性”色彩。肯尼斯·阿罗在《社会选择与个人价值》中与奥尔森在《集体行动的逻辑》中讨论的偏好加总和集体行动两大问题，即从个人偏好可能合成不出社会偏好、分散的个人在什么条件下形成集体行动，由此得到了充分体现。在阅读布坎南的著述时，我注意到他不止一次地谈到规则的层次性，特别是在以《我成为经济学人的演化之路》为题的演讲中，他唯一提到的学术贡献例证就是政治互动中“宪法”与“后宪法”在层次上的区分：前者指的是在几种可替代规则中选择一种，而选择的原则是（尽可能）一致同意；后者指的是游戏规则定下后的战术选择。受以上诸种思路启发，我把理论意义上的或不涉及经验内容的国家利益定义为那些在与宪法规则完全相容的机制下或体系内做出的政策或制度选择，其中的关键点在于把拥有具体内容的国家利益转化为制度安排。当然，理论世界与经验世界之间总是相互脱节，尤其是在那些所谓的民主政治国家里，国家利益更多地表现为利益集团间讨价还价后在政策或制度上形成的均衡。

在《国际经济政治学》中，我们一方面力求实现理论架构的新组合，另一方面力求把能想到的国际问题研究领域内的主要议题都涵盖进来，并运用新的理论框架于分析之中。除了国际贸易与投资、国际货币与金融、世界能源、劳动力跨国流动等传统国际经济学议题外，我们还分析了战争与和平、国际组织与国际规则、全球公共产品与全球治理、国家兴衰和中国的和平崛起等传统上属于国际政治学的议题。中国的迅速崛起搅动战后尤其是冷战结束后的全球格局。作为最大的发展中国家，中国国际影响力快速提升无疑会引起既得利益国家集团的焦虑与猜忌，广大发展中国家对此究竟是振臂欢呼还是心存不满？经验上或表面上看我们收到了截然相反的反馈，但可否从理论上对这类问题加以说明呢？为了回答这一提问，我们借用了以博弈论经济学家罗伊德·夏普里名字命名的“夏普里值”概念，其含义是在各种可能的联盟次序下，参与者对联盟的边际贡献之和除以各种可能的联盟组合。依据“夏普里值”，约翰·班扎夫又提出了“权力指数”概念，即每位参与者在决策过程中的权力大小体现于他（她）在形成获胜联盟中扮演“决定性盟友”的个数。在原有的世界格局中，中国要想在某个国际议题上发挥影响就必须动员并联合其他发展中国家以形成获胜联盟。随着实力大增，中国的“权力指数”亦扩大，结果之一便是许多发展中国家的“权力指数”下降甚至降为零，因为主要大国的“权力指数”加在一起足以形成获胜联盟从而使中小国家的“投票权”变得可有可无。透过这一理论我们还可以清楚地看到，在主要新兴市场国家强力要求下，由发达国家确定的国际货币基金组织（IMF）份额和投票权结构被迫做出调整，然而尽管增加了金砖国家的份额与投票权，但其“权力指数”仍然维持原状！由此可见，维护国家利益实乃一项“技术含量”极高的工作，面对那些国际规则游戏的熟练玩家时，尤其如此。

2017年，张宇燕（右一）在利雅得国际能源论坛参加学术会议

以今天的眼光审视12年前的著作，问题和遗憾还是有不少的。在研究生院讲课的前七八年我一直把国际规则、国际组织、全球公共产品提供和全球治理作为四个单元分别讲述，当时的考虑主要是它们更方便成为制度经济学分析的对象，而且分开讲也更容易突出重点，结果书也是按照这个思路写的。从逻辑上讲，影响范围为所有国家、解决也需要所

有国家共同努力的全球问题之存在，便是旨在提供全球公共产品的全球治理出现之原因；而为应对全球问题建构起来的全球治理本身就表现为形形色色的规则体系，这些规则体系的运行者或执行者，便是国际组织。后来讲课时我改为将它们放在一起讲，这样一来逻辑也就更连贯和更完整些。不过书的篇章调整只能在将来修订时完成了。还有一点遗憾来自“劳动力要素的跨国流动”那一章。关于劳动力的跨境自由流动一直是一个争议不断的问题，标准化的护照签证制度还是随着第一次世界大战爆发逐步建立起来的。在《自由与繁荣的国度》一书中，“彻底的”自由主义者路德维希·米塞斯指出，“自由”一定要包括迁徙自由。然而在现实中，几乎所有主张自由贸易的经济学家都对自由移民缄口不言。我在课堂上每每提及此事，都会说到多年前便有的一个直觉，即表现为取消或减少关税和非关税壁垒的自由贸易等价于关税不变时取消或减少对劳动力跨境流动的限制。我曾想找一位像孙广振那样的数学和经济学素养俱佳的合作者，来证明“自由贸易–自由移民等价”，并把它写入书中。然而这个想法至今仍是写在书中的一句话而已。有些问题属于这一类问题——仅仅想到了或有了某种直觉是不够的，你还必须把它（们）用清晰的概念和逻辑表达出来。“金玉其外，败絮其中”是一个说明信息不对称的非常贴切的例子，但它还远远达不到信息经济学的要求。

我们这本著作出版后校方希望压缩为一本教材。在准备这篇学术自传时我特地查阅了当时的一些相关通信。下面这封2008年12月我写给李增刚的邮件应该讲比较准确地展现了我们当年合作的景象：

增刚，好。最近一直忙行政工作，读书思考少了。关于教材缩写本不知进展如何。我上次和你谈了一些想法，后来觉得还有些文献需要加入，比如克鲁格曼的理论，原文虽然有，但他获诺奖的东西也有必要提一下。另外，国际货币体系方面也需要加些内容。我和张静春的那篇讨论货币性质与国际货币体系的文章发给你，你把主要的逻辑和观点收集进去。对目前的金融危机也可以提两句。关于金融监管的国际经济政治学，这里有几篇文献：Kapstein, E. Beth, 1989, "Resolving the Regulator's Dilemma: International Coordination of Banking Regulations", *International Organization*, Vol.43, No.2, pp.323-347；Kapstein, E. Beth, 1992, "Between Power and Purpose: Central Bankers and the Politics of Regulatory Convergence", *International Organization*, Vol.46, No.1, pp.265-287；Oatley, Thomas and Robert Nabors, 1998, "Redistributive Cooperation: Market Failure, Wealth Transfers, and the Basle Accord", *International Organization,* Vol.52, No.1, pp.35-54。我觉得这类文章很合我们的口味，可以充分引用。再有，伯南克《大萧条》一书中的第一和第三章讨论的问题与国际金融也有些关系。不过，虽然他说明了20世纪20年代各国恢复金本位制是加剧危机的罪魁祸首，但却没有解释英国等为何这样做。金德尔伯格在《西欧金融史》中特别引用了丘吉尔的话，说英国恢复金本位制是为了阻止美元成为世界货币。你斟酌一下，看看它们是否可用。我总的感觉是，国际金融和货币体系部分相对弱了些。对蒙–弗模型的讨论最好侧重些政治经济学的分析。奥尔森的东西可以多用，尤其是你最近翻译的那部文集中的内容。最近就想到这些。祝好。张

三 “理论经济史”

2017年秋，社科院研究生院和中国青年政治学院重组后成立中国社会科学院大学（简称“社科大”）。在继续给研究生上课的同时，我还给本科生上过一学期世界经济课，并且兼任了几位本科生的导师。平时接触不多，我利用课后在学生食堂和他们吃晚饭的时间同他们交流。这些孩子简直是太优秀了，以至于我常常被他们的聪颖、求知欲、好奇心、刻苦精神以及宽容所感动。由于公务繁忙我经常不得不请同事帮我代课，个别课程有时准备得欠充分，他们也都表示理解。经常和青年才俊们相处，我才真正理解了孟子所讲的“得天下英才而教育之”的那份快乐，也逐步意识到其实学生才是教师的“衣食父母”。随着日趋接近行政岗位的退休年龄，我离任后到社科大做一位职业教书匠的愿望越来越强烈。如果天随人愿，我计划教授两门课程，一是我已经讲了21年的国际政治经济学，二是世界经济史。对目前在使用的教学参考书《国际关系的新政治经济学》的补充删改已经在计划中，特别是那些新的研究成果和重要命题需要编入新版教科书中，比如前面谈到的关于全球治理分析框架的研究和大国博弈的政治经济学。一些国际关系中的经典案例，如格雷厄姆·艾利森从中“引申”出“修昔底德陷阱”范畴的《伯罗奔尼撒战争史》、20世纪40年代中苏关于外蒙古的谈判、《南极条约》的起源、冷战期间美苏核裁军谈判、21世纪最初10年IMF关于份额和投票权的改革等，也需要进入专门讨论之列。在授课与不断充实课堂讲义的过程中，我希冀用10年左右的时间，完成我未来学术生涯的“三重目标”或“三部曲”之一，即“大国博弈中的中华民族复兴”。我力求回答的问题是，如果说为西方兴起提供巨大推力的是“美洲金银”，为搭上帝国主义末班车的日本提供高能燃料的是清政府的巨额赔款，那么对于不再有“飞来横财”条件、身处核时代、资源环境人口约束加码、面对既得利益霸主及其盟友围追堵截的中国，民族伟大复兴这一目标何以实现。

至于世界经济史，那将是我平生第一次作为一门课来讲，好在国内学者所做贡献已经作为一大笔知识财富摆在那里了，比如宋则行、樊亢老师的三卷本《世界经济史》，高德步、王珏教授的三卷本《世界经济通史》，傅筑夫的《中国经济史论丛》（及续集）和吴承明的《经济史：历史观与方法论》也有不少内容涉及世界经济史。国际同行的著作最近二三十年也被大量翻译成中文，其中颇具代表性的有王春法主译的《剑桥欧洲经济史》（八卷近1000万字），以及马克斯·韦伯的《经济通史》、费尔南·布罗代尔的《十五至十八世纪的物质文明、经济和资本主义》、彭慕兰的《大分流：欧洲、中国及现代世界经济的发展》、罗纳德·芬德利和凯文·奥罗克的《强权与富足》等。随着1996年道格拉斯·诺斯和罗伯特·福格尔获得诺贝尔经济学奖，世界又涌现出了一批被称为“制度经济史学家”的学者，其特征为以经济学为基础、用经济史素材作为提出或检验经济学命题的依据，代表人物除了诺斯和福格尔外，还有出版了《大裂变：中世纪贸易制度比较和西方的兴起》一书的阿夫纳·格雷夫。

这门课应该不会简单照搬上述三类叙事的某一种，但会吸收各家所长。如果执意要给它起个名字，为了不和约翰·希克斯的《经济史理论》混淆，我打算把这门计划中的课程叫作“理论经济史”，其中经济长期增长将成为贯穿始终的主线，分析框架大体上沿用我在《经济发展与制度选择》中搭建的制度分析的“四梁八柱”，内容则并非按时间顺序和地理分布依次全盘覆盖，而是将目标聚焦于阐释促进或制约经济长期增长的变量及其相互作用。在此所说的“长期”变量，主要由制度起源与演进、人口数量与质量变化、技术进步与创新、市场规模伸缩、地缘政治和国际体系适应与调整以及价值理念嬗变等因素组成；“非全盘覆盖”指的是重点关注特定历史时期或宏大历史事件的描述，解释并努力提炼出带有一般性的命题与结论。简言之，此门课试图集政治经济学理论、特定时期历史现象、假设检验及价值判断于一身。

激励我在耳顺之年开讲一门全新课程的动力，除了对历史的固有偏爱之外，还有常年阅读思考浸溢出来的对历史的理解和感悟。对待历史的态度，孔子虽说是“述而不作”，但却暗含以“删诗书”使“乱臣贼子惧”之意。司马迁在《史记·太史公自序》中传承了孔子的史学精髓，并最终铸就了自己的历史观：究天人之际，通古今之变，成一家之言。无论是孔子还是司马迁，其史观中均带有探寻历史规律或人类行动与发展绩效之间因果关系的目标。不少后世思想家都以自己的方式秉持了这一史观。在《经济学的认识论问题》一书中，路德维希·冯·米塞斯就直言不讳地写道：不用因果关系范畴，我们就不能思考；没有理论的历史是不可想象的。在他看来，直到古典政治经济学为政治和经济分析提供了科学工具，经济史才成为可能，而以前的努力，例如关于贸易史的某些研究，只不过是一些记录的汇编。他还进一步指出，如果历史学不想成为毫无意义的荒诞学科，它就必须将其做出的因果陈述置于人类整体知识结构之中并检验它们之间的相互一致性。虽然米塞斯这后一句话说得过于绝对且不留情面，但却一语中的地阐明了“理论经济史”的要旨——理论与历史的统一，具体说即是，历史乃人类有目的或有意识之行动的结果，对历史的理解与描述离不开理论特别是经济理论的帮助与指引，同时理论也必须能够被人类经验所检验并且在受检验过程中保持自身的开放性。某一历史事件或历史过程往往由多重原因造成，此时理论的作用便凸显出来，因为对多种变量之间的关系或直接间接影响的分析，正是由理论来承担的。在对特定重大历史事件或历史过程的描述时，理论亦不可或缺，因为没有理论它们几乎不可能被精准透彻地刻画，恰如在缺少长期增长理论情况下对中国改革开放40年丰功伟绩的说明总让人有隔靴搔痒之感一样。此刻的关键问题是，我们所倚重的理论不是那些未经严格审视的、逻辑松散混乱的教条，而是精心构造并被批判性地检验过关的因果关系。

凡是理论大都经历过一个成长过程。在学说建构的起步阶段，概念的粗糙、逻辑的欠连贯、分析工具的不那么得心应手、命题的坚实度不高、史料欠缺甚至错误等，俯拾皆是。经济学如此，其他学科亦如此。在自传中弗洛伊德特别谈了他对学科发展或理论创新的理解。他写道，动物学和植物学并不是从某一动物和植物的正确而又充分的定义开始发展起来的，甚至在20世纪30年代生物学还是不能给生命概念做出确定的解释；实际上，如果物理学本身要一直等到对物质、力、万有引力等概念有了令人满意的、清晰而准确的解释后才迈开脚步的话，它便不可能取得任何进展。在弗洛伊德看来，一门建立在观察基础之上的科学，其基本思想和大多数概念起初总是难以确定的，除了仔细地研究观察材料，耐心地解决所遇到的问题之外，别无他法。作为一位神经病临床医生，弗洛伊德对经他改良过的催眠术疗效总是不很满意。由此他意识到，很可能在人的意识背后还有一种强有力的思想过程未被发现。后来世人终于见到了以其名字命名的心理学分支。我读《弗洛伊德自传》有个体会，即医生和经济学家有相似之处。医生面对的是病人，经济学家面对的是不健康的或者是得了病的经济体。医生和经济学家的职责都是要对症下药以求减轻病体的痛苦，或提出维持健康的药方。与经济学家相比，医生有一大优势，即医生总可以相对方便地找到病人来检验治疗效果。而这对“样本”极为有限的经济学家来说则困难重重，特别是以史为业的经济学家。不过经济学家因此也少了些麻烦：由于所提出的理论或命题难以轻易地被每个人尤其是精神病人加以“检验”，经济学家的声誉至少在生前大都不至于像弗洛伊德那样备受诋毁。当然，离世后还被人反复念叨的经济学家为数并不很多。我在此以精神分析心理学为例来说明理论成长的“过程性”，主要目的是自我鼓劲，因为缺乏自信常常是理论创新或探索新领域的拦路虎。

伍

在社科院亚洲太平洋研究所（一）：深耕亚太

一 聚焦美国研究

2003年初我调到社科院亚太所并一直工作到2009年中调离。人到了亚太所，自然就要关注和研究亚太。张蕴岭研究员常年聚焦亚太，尤其是东亚合作，是国内国际这一领域的权威。出于分工合作的考虑，我选择了印度经济作为切入点，兼及东北亚合作。在这之前我对印度的了解主要来自我称之为“顺带”的阅读，如国际货币基金组织和世界银行报告中关于印度的数据，一些学者专家著述中论及印度的文字，以及泰戈尔等人的文学作品和一些佛经故事。那一时期亚洲合作势头不错，中央有关部委也很关注，于是我和我的团队承担了一项研究建立中印自贸区可行性的课题，成果后来以《新时期中印经贸关系发展的战略思考》为题发表在《当代亚太》杂志上。后来为参加国际会议，我还写过题为《亚洲经济合作框架下的中印关系》的论文。关于印度研究，我曾请教出版过《中国印度文化交流史》等著作的亚太所南亚问题专家薛克翘研究员（他写的小书《中国围棋史话》读来亦妙趣横生），问能否用一句话来概括一下印度。他沉思片刻后回答说，印度是这样一个国家：当你对它知之不多时，你会觉得它是一个很神秘的国家，而当你对它知之较多时，你会觉得它是一个更神秘的国家。听君一席话，我决定知难而退，继续把研究聚焦于美国以及那让我痴迷的长期增长问题。尽管印度研究有点“半途而废”，但我从论文写作中、从与专家学者的交往中还是学习到了许多东西，比

2005年，张宇燕在社科院亚太所办公室

如从伊曼纽尔·沃勒斯坦那里我了解到“印度”是资本主义时代英国殖民者的“创造物”，在这之前“印度”仅是一条河的名字；再比如从亚太所研究印度文化特别是专攻梵文的学者身上我感受到了真正知识分子身上那种淡然笃定的学者风范，同时我也深切地认识到必须约束自己的学术期望，在求知欲、有限时间、广博与精深之间寻求某种平衡。

由于早些年写过一篇题为《腐败的政治经济学》的学术文章，故2004年下半年在浏览美国国民经济研究局（NBER）工作论文系列时，约翰·沃利斯的论文《美国政治与经济历史中的系统腐败》一下子就吸引了我。对象国样本是美国，研究方法是政治经济学，观察视角是历史，议题又是我熟悉且感兴趣的，时间跨度也很长，结果便是大半年我一直专攻美国腐败问题。为了不让自己被海量文献淹没和力求“速战速决”，我请我的同事富景筠帮助收集整理资料并参与写作，最后我们联名发表了《美国历史上的腐败与反腐败》和《当代美国的腐败——数据、案例与机理》两篇长文。在写作过程中，除了沃利斯等人的论文外我还找到了林肯·斯蒂芬斯写于1900年的《城市的耻辱》一书，并惊骇于

19世纪末20世纪初美国的腐败，其程度可让当今世界最腐败的国度相形见绌。回想当年，在读到沃利斯的论文、亨廷顿的《变化社会中的政治秩序》和米尔达尔的《亚洲的戏剧：南亚国家贫困问题研究》等著作中的创意概念和新颖观点时，我真是眼前一亮、回味良久：腐败可以分为两类，即“收买型腐败”和“体制型腐败”，前者表现为“经济腐败政治”，后者则表现为“政治腐败经济”，而美国的腐败典型地属于前者；作为历史上很可能是最腐败的国家，美国腐败逐渐受到抑制的主要途径之一，是让一些腐败行为合法化并在新法律下严格执法；东南亚国家主要腐败途径之一的“加速钱”，简单说就是为求得政府官员审批而贿赂，有利于提升行政和配置效率；腐败问题可以转化为市场失灵和政府失灵之间的替代问题。就美国选举制度中允许政治家筹集竞选经费问题，我曾特意问过华盛顿一家著名智库的研究人员，而他的解答很有点意思：几乎所有美国选民都清楚没有钱根本无法当选；如果不让政治家拿钱，多少就意味着谁有钱谁当选，其结果或是有些富人根本没有能力从政，或是有能力有意愿为公众服务者被排除在政治之外；假如不接受“谁有钱谁当选”，那么就只好让政治家拿钱，并立法严禁政治家将钱用于与竞选无关的地方。

随着柏林墙在1989年倒塌，一个几乎把全人类都裹挟进去的经济全球化进程开始加速，美国真正成为唯一超级大国，一时间全球影响力如日中天。对国际问题研究者而言，无论从哪个角度讲，美国都是最值得关注的国家，同时研究美国也是一个超大题目，囊括经济、政治、社会、历史、文化、科技、军事等各个领域。这也正是国家或国别研究与学科研究的基本区别。对后者来说，只要专精一科基本上就可以了，而对前者而言，成为“某国通”的重要前提就在于知识面要足够宽。从时任美国常务副国务卿佐利克2005年秋在美中关系全国委员会所做《中国向何处去？从参与者到利益攸关方》的演讲中，我们可以真切地感受到美国开始调整对华政策，这同时也提醒我们，未来的美国极有可能成为唯一有能力、有意愿、有手段打断中国现代化进程的国家。在这一大背景下如果存在这样一种情景，回答美国人究竟是一些什么样的人、美国究竟是一个什么样的国家等问题，不仅十分必要而且开始变得紧迫。记得在2006年春一次有关美国的闭门圆桌会上，我谈到了理解美国行为的三个切入点，即宗教情怀、商业利益和党派政治，王缉思、阎学通、秦亚青、王逸舟、金灿荣和袁鹏等多位长期从事美国问题研究的与会者大都认为这个分析框架提纲挈领、值得深究。在同事们的鼓励下，我和我的学生高程合作，2006年在《国际经济评论》上就前述三大议题先后发表三篇长文。美苏冷战的始作俑者之一——美国外交官乔治·凯南于1947年在《外交》季刊上署名“X”发表题为《苏联行为的根源》的文章，分别从意识形态、社会制度、经济效率和对外政策四个角度对其头号强敌苏联进行了全面细致的分析，最后提出了应对苏联挑战的“遏制”政策。鉴于我们与凯南所关心问题在性质上如出一辙，我们后来把对美国的综合研究系列成果以《美国行为的根源》为名公开出版。

美国是当今世界上基督教信仰最为虔诚的国家，宗教观念对美国行为的影响持久而深远。宗教信仰与美国人的民族主义和爱国主义情绪密切相关。美国人的基督教信仰渗透到政治、经济、社会的方方面面，并突出地体现在美国人对自身制度所持有的超常自信和道德优越感上。美国人秉承基督教拒斥多样性的传统，形成了一套具有浓厚一元论色彩的评价道德和真理的标准。美国在处理对外关系时，其内心深处有一种把美国的文化与制度变成普世的文化与制度的冲动。他们那种将“好”的文化与制度推己及人的“救世”情结，深深扎根于基督教的“天命”意识。美国又是一个非常注重现实利益的国家，思维定式与行为习惯中商业理念或商人心态浓烈，他们的行为方式在哲学上表现为实用主义，在现实生活中表现为利益至上，在国际关系领域中表现为现实主义。三者共同支撑了这样一种判断：美国式行为方式受到现实利益的强力驱动。在许多对外场合，原则都是要为利益让步的。为实现特定目标可以牺牲原则，或依照利益而对原则划分层次并做出高下区分，这无疑为形形色色的机会主义行为打开了方便之门。和许多人的看法出入较大的是，美国一直都是一个等级森严的国家。构成国家权力中枢的重要职位均由精英阶层的代表把持。在精英阶层之下，人数众多的美国中产阶级和下层民众分属于不同地区或产业集团，他们最终很难形成集体行动来影响国家政策以确保自身利益。美国的民主制度本质上是一种让广大民众觉得是自己在进行统治的精英统治。从精英阶层的横断面看，美国社会内部充斥着大量利益相互重叠或竞争的集团，它们是美国社会政治体制得以运转的动力和润滑剂，其间的斗争和妥协决定了美国政策的内容和实施力度。如果把国家行为狭义地界定为对外政策，那么借助于对“宗教热情—商业理念—集团政治”的综合考察，我们就可以更加深刻地把握美国对外政策（尤其是国际制度或规则的确立）的源泉，特别是可以更加准确地预测美国行为的方向、速度与强度。

简单地将美国行为的根源归结为三点，疏漏或漠视美国的一些其他特性在所难免。这恐怕也是不少研究者都纠结过的事。最精确的地图是1∶1的地图，但它也是最没用的地图。地图的有用性取决于它在多大程度上满足了我们识别方位、找寻道路或明了等高线、等深线及等降水量线的需要。我深知在一个各种事物普遍联系的世界中，如果想面面俱到事无巨细，结果只能是一无所成。在为克洛德·泰洛特《父贵子荣——社会地位和家庭出身》一书所写的序言中，法兰西学院院士让·富拉斯蒂埃引用了诗人保罗·瓦莱里的句子：简单的东西总是不真实的，而复杂的东西没有实用价值。他接着写道，科学研究尤其是人文科学研究是简单性和复杂性之间的一种困难和必要的折中。这其实正是我的研究思路。依据研究目标来确认主要变量，在解释各主要变量之间关系的基础上，推导或归纳出有价值的结论或命题，增进对世界的理解并据其对未来进行预测。由此引出的一个议题是，对国际问题研究者而言，国别研究和领域研究或议题研究之间的关系到底是什么，或者说两者的边界究竟如何划分？研究美国，尽管理解透彻美国经济这本身难度就非常大，但紧盯美国经济无疑是远远不够的。我的处理方法还是借鉴了奥尔森的建议。在斯威德伯格主编的《经济学与社会学》一书收录的长篇访谈中，奥尔森的一段话几乎可以说就是为处理这一问题量身定制的。在奥尔森看来，研究的质量依赖于问题的重要性和分析路径；关键是要寻找一个既有意思又重要的问题，而不必在意它该归类于哪个领域；解释和回答问题的最佳角度是你能够获得最大进展的角度，因而不必介意用什么样的假设或哪一学科的知识；取得科学进步的最好方法是关注原生态存在体的细节，其基本单元是个人；获取其他社会科学领域知识和历史知识异常重要，只有那些不能把握所需对付的难题的经济学家才常常小看跨学科研究。奥尔森说的这番话既是他学术实践的真实写照，我以为也是国际问题研究者在被“专”与“博”问题纠缠时寻求解脱的一个路径选择。

谈论美国的著作数不胜数，在此我仅提一本对我理解美国权力精英成长有较大帮助的书：拉里·杜尼嵩教官的《西点领导课》。西点军校（正式名称叫“美国陆军军官学院”，简称“西点”）对我这样一个热爱历史又关注国家博弈的读书人而言，吸引力可想而知，我在纽约总领事馆工作期间曾经和同事去过不下10次，而且每次去都会造访校旁的那座军事博物馆。不过此刻论及西点，则在于它培养未来领导者的教育理念充分体现了实用主义哲学骨子里的功利性、权宜性以及妥协性。多少超出想象的是西点对道德和价值灌输极端重视，相信组织犹如个人，只有在道德原则的指导下，才能履行其最高职能。如果说在美国所有的“财富500强”企业中人们学到的是行为准则（这让我想到瑞·达里欧2018年的畅销书《原则》），那么在西点人们学到的则是品德，是荣誉法则，而后者是西点所有领导力课程中最基本的，也是所有陆军军官共同价值体系的关键。西点力争培养的不仅仅是领导者，而且是有德的领导者。品德或价值观的培养不仅对个人有益，更重要的是它们能够有效地服务于目标的最终实现。在强调追求并遵守荣誉法则的同时，西点还不遗余力地培养领导者的创新性和对规则的变通能力，并教学员如何在一组规则的舞台上展开“独创精神、忠诚以及强者之间的合作”。为此，西点在课程中精心设计了一个所谓“建设性”程序，鼓励两种看似矛盾的行为，即服从和自作主张，以便让学员充分领悟命令的严格性与自主创造性之间的微妙关系和灵活尺度把握。西点还专门培养学员对不同原则划分层次和进行排序的能力，告诉学员在纷繁复杂的现实生活中单独出现时都很完美的道德原则放在一起则可能会发生冲突，因而他们必须明白相当多的决策都是在充满价值冲突的情境下做出的，必须对深奥难解的道德困境异常敏感，并学会在思辨之后向道德妥协。对这样的博弈对手的认知，仅停留在《美国行为的根源》水平上无疑远远不够。

二　沙俄—苏联—俄罗斯

在读博士期间学校要求选修第二外语，经罗肇鸿老师建议我选了俄语。虽说现在只能讲几句简单的问候语，但我始终把俄罗斯（包括苏联）看作美国之外的最重要的国家。最初对俄罗斯的了解还是改革开放前读的俄苏文学作品如高尔基的《童年·在人间·我的大学》，伊凡·沙米亚金的《多雪的冬天》，以及朱可夫元帅的《回忆与思考》等苏联卫国战争文献。大学本科和硕士研究生阶段我都上了苏联经济和苏联经济史的课，所学专业“比较经济学”的主角就是苏联，再考虑到苏联是人类历史上第一个社会主义国家，因而我对苏联的创立、发展、停滞和解体自然有了浓厚兴趣。我仅有的一篇有关苏联的论文是1991年发表的《制度选择、历史哲学和苏联经济史》。20世纪90年代初出现了各种对苏联70多年社会主义理论和实践的批判性反思，主基调是苏联的出现本身就是人类历史中的一个错误。甚至有人说，本质上带有悲剧色彩的俄罗斯民族对人类的唯一贡献就是告诉大家哪一条路走不通。那时我碰巧读了刊登在《国外社会科学》月刊上的罗伯特·福格尔所著《作为社会科学之工具的数学模型》一书的摘译，并从亨利·勒帕日的《美国新自由主义经济学》一书中了解到，美国一批经济学家在福格尔的影响下做了一项研究。这些人通过复原当时俄国工业统计资料并代之以西方国家的劳动与资本系数，得出了一个让不少苏联制度批判者大跌眼镜的结论：假如苏联采用的是西方的经济制度，那么即使是在最坏的情况下，其20世纪80年代初的国民生产总值（GNP）也不会与苏联实际产出有多大差别，但在自由方面则不会付出太大代价。不断的阅读渐渐把我带入新的思考：究竟是什么导致了十月革命爆发？“战时共产主义”和“新经济政策”为何相继出台？集体化和工业化缘何实施？苏联后期推行的改革和“公开化”搞得轰轰烈烈的原因何在？

在读乔治·施蒂格勒的《经济学家和说教者》一书时见到作者引用其老师弗兰克·奈特讲过的一句意味深长的话：理想的就是不可避免的。受这句话的启发，我产生了从“什么是不可避免的”入手考察苏联经济史的想法。如果说后来的计划经济体制脱胎于1918年夏施行的“战时共产主义”，那么有大量证据表明，作为一种制度安排，主要特征是经济关系实物化和劳动军事化，“战时共产主义”有着很强的“不可避免性”。当时苏维埃政权面对的严酷和紧迫的现实是俄国货币体系彻底崩溃和企业管理层全体逃亡，而这一切又都导因于沙皇制度、第一次世界大战、恶性通货膨胀、内战、银行和大企业被国有化等等。换言之，意识形态在促成“战时共产主义”中的作用即使有的话（如剥夺有产者），也远非决定性的。有人把1921年喀琅施塔得水兵叛乱当作结束“战时共产主义”并以“新经济政策”取而代之的主要原因，恐怕也值得商榷，理由在于当时苏维埃政权已经在内战中获得了完全胜利，此乃根本的背景。对于三十出头的年轻研究人员而言，提出这样一个涉及重大历史事件的命题，在今天看来的确有些“鲁莽”的味道，这也正是我20多年来一直想把这个课题完整深入地再做一遍的原因。两三年前我和对苏联经济史有专门研究的同事李燕副研究员谈及此事，没想到她对此课题极感兴趣。我原打算两人合作完成这项研究，但后来忙于其他课题我就退出了，整个写作重担就落在了她一人肩上。论文发表后我如释“重负”。21世纪初在完成美国腐败研究后，我曾计划借题研究一下腐败在苏联解体过程中的角色。读了些文献后我发现，导致苏联解体的关键且直接的原因是和1989年前后国际市场原油价格暴跌有关的政府财政崩溃，这又恰好为我10年前曾讨论过的“财政压力引致制度变迁”命题提供了一个鲜活证据。后来这一想法成为我的学生富景筠的博士毕业论文主题。

以上就是我与苏联研究仅有的两次交集。尽管后来的系统论证还是由同事和学生完成的，但我一直对沙俄、苏联和俄罗斯兴趣盎然。2012年我曾和俄罗斯科学院远东研究所季塔连科院士进行过一次长谈，在回答我提出的“苏联解体的根本原因是什么”这一问题时，他先问了我一个问题：“我说了你是否会不高兴？”在得到否定答复后，他说，原因主要有两个，一是苏共自己出了问题，二是与中国在远东对峙。前者容易理解，对于后者他进一步解释道，1969年珍宝岛事件后，苏联决策层开始担心中国出兵夺回清末割让给沙俄的领土，进而在远东部署重兵，结果在近20年时间里苏联消耗了约2万亿美元（2012年现价），最终不堪重负的帝国崩塌了。和季塔连科所见略同的弗拉季斯拉夫·祖博克在《失败的帝国：从斯大林到戈尔巴乔夫》一书中总结了导致苏联在东西方冷战中失败的四个原因，我们可以看到其中的三个原因都与财政能力欠缺有关：苏联雄心勃勃想要成为可以与美国相抗衡的超级大国，结果使自身承担了过多的全球义务；莫斯科没能建立一个可与西方共同体成功竞争的国际共同体；克里姆林宫的领导人没有学会人类文明久已学会的东西，即如何利用贸易和实业去积累金融财富。从历史上看，俄国工业化的夭折同样与国家财政捉襟见肘有着千丝万缕的联系。亚历山大·格申克龙在为《剑桥欧洲经济史》

（第六卷）撰写的“俄国1861—1917年的土地政策和工业化”章节中特别指出，俄国的工业发展不是依靠繁荣的农业对工业品需求的增加，而是主要依靠政府支持的对投资品的需求。在这种情况下，一旦国家既无法为企业创造需求又无法为它们提供资金，则工业化进程就会随之搁浅或被打断。回顾历史是为了展望未来。今天，财政收入依然严重依赖于资源出口的俄罗斯，在可预见的未来能否彻底摆脱300年来一直依附于身的“资源诅咒”，进而在全球价值链的中高端占据不可替代的位置，恐怕仍是个未知数。持相反观点者也是有的，在《来自上层的革命》一书的作者之一大卫·科兹看来，拖垮苏联的不是军费负担，而是少数统治精英在老一代革命家过世后想通过实行资本主义来使自身获益。

尽管如此，我依然以为俄罗斯不容小觑。俄罗斯不仅是中国在民族复兴进程中必须倚重或深入合作的大国，其思想文化也是充盈人类认知池塘的一条必不可少的溪流。凡是读过尼·别尔嘉耶夫在《俄罗斯思想》一书中对俄民族性描述的人恐怕很难忘记他写下的那段文字：就其类型和精神结构而言是一个信仰宗教的民族，在表面等级制度背后的最深处他们反等级且无政府。俄罗斯人天性很两极化：一方面是顺从和放弃权利，另一方面是要求公正的反抗；一方面是怜悯心和同情心，另一方面是残酷无情；一方面热爱自由，另一方面又倾向于被奴役。俄罗斯的发展是灾难性的，是世界上最痛苦的历史之一。当你读到曾经的禁卫军官、“十二月党人”、普希金专门为其赋诗的恰达耶夫在《哲学书简》中的句子时无动于衷几乎是不可能的：我宁愿去抨击我的祖国，宁愿使她伤心，宁愿贬低她，也不愿去欺骗她；我们……对人类理性的进步没有起过任何作用，……我们在成长，但我们却不能成熟。我没有能力欣赏赫尔岑的《往事与随想》的俄语之美，但从中译本上完全可以感受到其中的思想和语言超凡脱俗，从而理解以赛亚·伯林为什么在《俄国思想家》一书中给予赫尔岑如此之高的评价。在此不可能过多谈论俄罗斯大作家们的鸿篇巨制，如陀思妥耶夫斯基的《白痴》、列夫·托尔斯泰的《战争与和平》等，仅从屠格涅夫的《木木》和米哈依尔·肖洛霍夫的《胎记》两个短篇里，我们就能够完全感受到俄罗斯文学的厚重与魅力。通过以赛亚·伯林的《苏联的心灵》这本文集，我似乎看到了在前线战壕里传阅着安娜·阿赫玛托娃手抄本诗句的士兵的眼神，也可以想象出1942年夏在列宁格勒音乐厅“老弱病残伤”乐手们激情演奏肖斯塔科维奇第七交响曲的情景。俄罗斯是一个不同凡响的民族，仅凭这一点就值得世界的尊重。非常可惜的是，在我未来的研究中俄罗斯无法作为主角出场，但我始终会关注它。

三　命中注定的邻居

提到俄罗斯就不能不提日本。对许多像我这样的研究者来说，特别是在对最近一个半世纪中日关系历史有所了解的情况下，日本一直是一个比较沉重的而且也是无法回避的话题。仅从政治经济学角度看，日本引起我极大兴趣的主要有三个问题：首先是明治维新后日本迅速成为列强之一的原因何在；其次是波诡云谲的日美关系；最后是20世纪80年代中后期开始，日本经济何以长期“停滞”。截止到今天，涉及日本的评论不少，但大都散见于我众多著述之中，专门讨论日本并公开发表过的文章只有写于1996年的一篇题为《中国的战争赔款与日本的工业化》的短文。当时我之所以关注这个问题主要是因为它与长期增长关系密切，而且我也恰好读到了加藤祐三在《东亚近代史》一书中的相关叙述及推论。在进一步查阅杨公素的《晚清外交史》等文献资料后，一个命题便由远及近逐渐清晰起来：一个封闭落后且资源贫乏的国家在短短60年左右的时间里基本实现了国家工业化目标并崛起为亚洲强国，关键的因素之一在于清政府对日本的巨额赔款。据作者计算，仅按1895年《马关条约》，清政府支付的赔款就相当于当年日本财政收入的约4.2倍，如果加上之后包括庚子赔款在内的各类赔款，这一数字还要翻番。正是因为“大发战争财”，日本工业振兴、军备扩张得以迅猛提速，并成功建立起列强国家间通行的金本位制度。这一事实，在日本“二战”后著名政治家吉田茂的《激荡的百年史》一书中也被隐晦提及。他写道，当时日本的丝绸出口业在对日本产业发展提供必要资金方面做出巨大贡献，同时日本的近代化还得到过某些幸运的帮助。据我猜测，吉田茂在此所说的“幸运”，主要指的就是赶上了滨下武志在《近代中国的国际契机——朝贡贸易体系与近代亚洲经济圈》一书中分析的“条约文明”末班车的日本通过“战争—谈判签约—割地赔款”击垮了以“朝贡文明”为特征的清王朝而获得的这笔“飞来横财”。从相当意义上讲，这简直就是西欧因美洲金银而兴起的故事于200年后在东方的翻版。

这对日本而言的“飞来横财”，对清王朝则不全是“飞来横祸”，或者说清政府的失败不只发生在战场上，更根植于腐朽僵化的制度中。在中日博弈的棋局上，日本的“成功”中固然有其谋篇布局周密严谨的因素，但主要还是清政府漏洞百出的昏招败笔。这让我想起了日本作家川端康成在《吴清源棋谈》中记述过、吴清源自己也在他的《中的精神：吴清源自传》一书里谈到过的话：下围棋实际上下的是效率，而胜利实际是寄托在对手下出效率差或错误的棋。当然在国际大棋局中日本也下出过错棋，其中有代表性的就是“二战”中与美国开战。翻开约翰·托兰的《日本帝国衰亡史》上册，阅读了前几页后我就不由自主地不断重复作者提出的问题：究竟是什么把日本带上了一条不归路并最终发动了一场注定惨败的战争？20世纪40年代初美国已经是世界最强大的国家，日美实力不可同日而语，战争一旦开启，美对日无疑将是一场降维打击，关键是日本包括海军大臣在内的最高决策层对此心知肚明。事后时任美国国务卿的科德尔·赫尔评价说：“我们原本只是想告诉日本人不要纵火，结果没有想到他们选择了自焚。”时任日本陆军参谋本部作战参谋的堀场一雄在《日本对华战争指导史》的结尾一章，则把日本战败归因于最高统治集团的罪过：国家托以重任而对国事不明，缺乏睿智、无责任感以律国策。在此书的附录中、在孔华润（沃伦·科恩）主编的《剑桥美国对外关系史》中，《赫尔备忘录》均被当作太平洋战争爆发前10天美日谈判的一份重要文件，其中赫尔重申了日本如果想要和平就必须接受的四项基本原则：相互之间以及任何国家之间的主权与领土完整不可侵犯；不干预其他国家的内部事务；平等，包括商业机会和待遇的平等；在和平解决争端、通过和平方式与过程促进国际大环境向好发展方面必须依靠国家合作与和解。15年前读到这段文字时我马上又重读了一遍，它居然和我等耳熟能详的“五项基本原则”雷同。

最近一年我和学生刘漫宇一起从事上述这项关于80年前日美关系的研究。作为指导学生的一种方式，我原打算带着他合写一篇关于20世纪80年代中期美日经贸谈判的论文，因为那一段围绕两国贸易与汇率的讨价还价特别适合进行国际经济政治学分析，而且这样的研究对正在进行时的中美贸易摩擦也会有某种借鉴意义，这一点在泷田洋一的《日美货币谈判——内幕20年》一书中得到了淋漓尽致的反映。后来在和一位日本资深学者聊天时我说到了这个计划，而得到的回应既出乎意料又在情理之中。他说今天的中美关系和35年前的日美关系之间不具备可比性，尽管两国国内生产总值（GDP）占美国的比重差不多。中国是核大国、安理会常任理事国，在国土规模、人口和发展潜力等方面日本难以望其项背，如果要研究，真正有价值的当数20世纪40年代初的日美关系。他的一番话言之在理，重新点燃了我对那一段历史的热情。接下来我们就分工合作，在找寻资料的同时还不得不精细化问题和修正命题，因为新证据的出现有时会颠覆原来的认知或判断，而且恰如前文谈到过的，证据或“事实”的可靠性往往也存在争议，对特定事件的解释更是众说纷纭。举个手边的例子，利德尔·哈特在《第二次世界大战史》（下册）里谈及当时赞成使用原子弹迫使日本投降的理由至少有四个：打击和威慑敌人；拯救美国军民，使他们免于牺牲；斯大林在波茨坦会议上要求共同占领日本而美国极力避免这一局面出现；主持曼哈顿计划的官员强烈要求一试，因为“那么多钱（20亿美元）已经花在这上面了……原子弹制成并投下去对每个相关成员来说都是一种莫大的安慰”。如果希特勒还在负隅顽抗，美国会把原子弹投到德国的某两个城市吗？这又牵扯出另一个大议题：民族主义。

由于研究国际问题，我去日本访问参会不下三十次，近距离观察日本的机会也就多些，其中的一个感受就是日本的生活品质之高，比如良好的产品性能和服务质量以及环境，和统计数字表现出来的长期停滞或“失去的二十年”并不完全吻合。对此，我的一个猜测是统计出了问题。GDP指标计算的是一定期限内商品和服务的增加值，这很重要，但同时也遗漏了许多和人们生产生活紧密相连的要素，比如空气和饮用水质量以及食品安全。不错，高品质生活需要高投入做保障，但在达到令人满意的水平后往往就不再需要大幅追加投入，典型的例子就是国民教育。由此我们至少面对两个相互关联的问题：如何改进已是千疮百孔的现行国民核算体系，以及如何与时俱进地准确理解经济增长。目前我和方建春博士合写的论文《GDP与IWI：核算体系与人类福祉》接近杀青。我考虑在下一篇论文中对经济增长进行细分，集中讨论作为衡量经济增长尺度的GDP指标对处于不同发展阶段的经济体而言具有不同的功效。对低收入发展中经济体而言，增长通常意味着从无到有；对中上收入发展中经济体而言，增长往往意味着从有到丰；对高收入（超过世界银行年人均GDP13475美元但尚未达到更高档水平）经济体而言，增长主要意味着从丰到精；对发达工业化经济体而言，增长很可能就表现为维持既成的生活品质。GDP核算体系对前两类经济体增长业绩的衡量总体上应该是客观有益的，对第三类经济体则适用性开始递减，到了第四类经济体其功能恐怕丧失大半。论文准备过程中的重头戏是阅读文献，其中就包括读W. W. 罗斯托近百万字的巨著《经济增长理论史：从大卫·休谟至今》。迈克尔·曼所著《社会权力的来源》（第二卷上）给出了一个绝佳的例子来说明工业化水平差距在国

2015年，第七届东亚经济研究所顾问委员会合影，右二为张宇燕

家间竞争中扮演的关键角色：中日两国GDP之比在1880年和1900年分别为40∶8和34∶13；如以1900年英国为100来看，同期中日两国人均工业化水平之比分别为4∶9和3∶12。

关于当代日本以及日本民族性，我较为看重的研究还有露丝·本尼迪克特的《菊与刀》和约翰·道尔的《拥抱战败》。作为文化人类学者的本尼迪克特撰写的研究报告，其结论和建议在美国结束太平洋战争及战后处置日本的政策中打下深深烙印，很容易让人联想到梅纳德·凯恩斯在《就业、利息和货币通论》一书结尾处发出的慨叹：实际上统治世界的是经济学家和政治哲学家的思想。时至今日，我在课堂上还总会提到本尼迪克特借日本小学教科书课文《四十七个浪人》来说明日本民族性的事例。比较而言，道尔的著作显得更为学院派。在书中他着墨甚多之处包括处置战犯的东京审判，并特别分析了11位法官中唯一投票反对最终判决的印度法官拉达宾诺德·帕尔那份长达1235页的意见书，使我这样的读者对战争和国际法的残酷性和复杂性有了更为深入全面的理解。毋庸置疑，理解日本最直接有效的途径还是观察分析它的文学艺术，尤其是那些触及生与死等主题的作品。川端康成24岁时创作的自传体短篇小说《精通葬礼的人》便是一例。和他的其他作品风格一样，他长于营造气氛，引领读者伴随他那特有的缓慢和低沉的叙述一起前行，表面上在描述参加一次次葬礼的经历，而深层寓意却是在自我思索并引导读者去揣摩死者对人生的反思。前面提到的“四十七个浪人”的故事反映的是类似主题：忍辱负重屡经磨难后为主人报仇雪恨，最终集体在故主墓碑前剖腹自杀。

2013年经好友推荐我看了一部日本电影，类似的主题，熟悉的叙事手法，同样地引发对人生的思考，以至于绝少写影评的我竟写下了一篇观后感。

除夕夜看日本电影《入殓师》，别是一种经历。一位在东京失业的年轻大提琴手，带着妻子落魄地回到家乡，阴差阳错地敲开了为亡者整理遗体面容的微型会社之门。他从犹豫、恶心到恐惧、适应，最终成为一名业务纯熟且心灵坦然的入殓者。这样的故事特别是叙事的节奏与影片的黑白主色调，很自然让人想到川端康成系列作品的主题：死亡和如何面对死亡。整部电影拍得细腻精准，镜头摇转切换毫不马虎。前一个镜头中为亡者刮脸用过的剃刀和泡沫，在下一个镜头里规整地置于另一位亡者头旁洁白的毛巾上。从初次上手回家见到炖肉后条件反射地呕吐，到忙碌间隙在办公室大口咀嚼炸鸡，主人公内心的躁动和成熟之轨迹，就是这样被自然且细致的电影语言所表现出来。影片对几位亡者的选取是精心策划的。虽说对他们的死因交代只是寥寥数语，但却勾勒出了当今日本社会的轮廓：同性恋，老无所依，亲情疏阔，家庭教育失当。整部影片的画龙点睛之笔，出现在主人公与他三十多年未见之父亲的相遇场景。那是一场跨越阴阳两界的会面，一场缘起于死亡的会面，一场由死亡来融化父子间误解与仇恨坚冰的会面。此时的死亡随之得到了升华，甚至蕴涵着一种酸楚的喜悦与凄凉的美感。其间的蛛丝马迹，从一直跪在丈夫身后并目睹丈夫为父入殓全过程的妻子满含泪水又面带微笑的表情中，我们可以清楚地察觉到。如果说文化的精髓之一在于某一群体对死亡的理解或态度，那么这部电影真可谓清晰地展示了日本文化的一个重要侧面：生与死之间的界限模糊不清；从某种意义上讲，生不过是在打理死；生者对亡者的仪式化尊敬，更像是一种为跨越死亡之门进入另一个世界所做的预演。

陆

在社科院亚洲太平洋研究所（二）：货币、制度与长期增长

一 钟情于中国经济史

学术研究有点像树木，也是从种子发芽、小苗出土、苗壮成长、枝繁叶茂、开花结果到最终走完自己的一生。从相当意义上讲，除了外部条件外，结什么样的果实还是由种子决定的。思想种子的播撒者就我的经历而言，应该是最早一批进入我思维田野的老师、同学和所读书籍的作者。人到了五六十岁，所关心的问题以及所做的研究，大体上就是沿着从前所播种子的生长路径不断根深叶茂的。一旦在脑海中形成了“财政压力与制度变迁”这一思维范式，那么见到与之相关的或可能相关的现象便不自觉地将它们置于这一思维范式之下。在读丘光明等著的《中国科学技术史：度量衡卷》时，我注意到中国历代的容量、长度、权衡等单位量值几经变化，总体上呈现出上升趋势。自秦至晋，每升折合现代容量单位200毫升，隋唐为600毫升，宋为702毫升，元为1003毫升，明清为1035毫升；自秦至东汉，每尺折合现代长度单位23.1厘米，三国和晋为24.2厘米，隋唐分别为29.5厘米和30.6厘米，宋为31.4厘米，元为35厘米，明清为32厘米；秦每斤折合现代重量单位253克，西汉为250克，新莽为245克，东汉为222克，三国两晋为220克，隋为660克，唐为662～672克，宋为661克，元为610克，明清为596.8克。后来民国政府根据所谓“一二三原则”硬性规定：一公升等于一升等于1000毫升，一公尺等于三市尺，一公斤等于两市斤。毫无疑问，中国历史上度量衡的演变有形形色色的原因，然而在我看来，那些变化很可能与税收关系密切。对任何王权政府而言，钱不够花自始至终都是令人头疼的问题，总是提高名义税率又可能最终引起民变。这时对以实物税赋为主的王朝统治者来说，放大度量衡单位就成为在不改变名义税率的情况下增加税收的途径之一。直觉告诉我，杨隋的短命应该和通过急剧改变度量衡以提高实际税率有关，元朝的迅速败亡与之类似。明清采用银两制后，特别是张居正推行“一条鞭法”后，借度量衡调整以增税的意义迅速减弱。这也解释了明清两代度量衡“稳中有降”现象。苦于没有整块时间，这一在我脑海中驻留多年的猜想迄今仍没有得到证实或证伪的机会。

与财政关系更直接的是古代货币的铸造与流通。我在读陈隆文的《春秋战国货币地理研究》和《先秦货币地理研究》两部著作时，想的更多的是财政，准确地说是融资能力在一国崛起或统一天下过程中的角色。以政治经济学视角看，战争与其说是在战场上打的，不如说是在融资市场上打的。换言之，秦始皇统一中国的壮举，除了他的雄才大略和用人之道（为统一中国立下汗马功劳的王翦乃我最欣赏的武将，尽管司马迁视其“不能辅秦建德”为污点），还在于他在融资方面胜人一筹。说到融资就不能不提到秦半两钱。据石俊志的《半两钱制度研究》，半两钱属记重铜钱，对应的是纪元铜钱（铭文年号），秦惠文王二年（公元前336年）始铸半两钱，实测重5.4～7.4克，至秦王政二十六年（公元前221年）统一中国时，半两钱流通共115年（唐高祖李渊武德四年即公元621年铸行开元通宝标志着记重铜钱体系的结束和纪元铜钱体系的开始）。从陈隆文的著作和蒋若是的《秦汉钱币研究》等著述中可以看到，我国陆续出土的秦半两钱的地理分布和秦国与他国征战历史路线图高度重合，表明秦国以半两钱随军融资成本极低。从战国墓出土的半两钱极为少见，原因很可能是半两钱比关东六国的钱币更重，关东六国在收到半两钱时就将其熔融更铸为本国钱币而牟利。这表明秦半两钱的"国际化"相当成功以至秦国从中获取了巨额铸币税。《战国策·秦策三》有一篇讲"天下之士合从相聚于赵而欲攻秦"，秦相应侯范雎派人去邯郸重金相与并最终瓦解了攻秦共谋，而秦使出手之大方让人印象深刻，显示出秦国的富有。应该讲，这三条证据或线索已经可以支撑我前面提到的命题了。过去十年间我曾在不同场合多次谈到过此命题，现在看来，就此完成一篇学术论文还要寄希望于未来了。

说到中国经济史特别是货币史，我马上又想到一个令人着迷的问题：赵宋三百年，尤其是靖康之变后，一直受所谓"钱荒"困扰，原因之一在于铜币外流于辽金及朝日南夷诸国，数量之大难以估计。据彭信威的《中国货币史》所记，当时日本正值幕府时期，政权先后落在平、源两家之手，这两家的将军与之前竭力打压对华贸易的藤原氏在政策上大异其趣，以致有文献记载，宋淳熙六七年（公元1180年前后）间日本民间通行宋钱，之后还有一批商人专事从中国进口铜钱，以供放债人做资本。日本大量考古发现亦证明了这一点。彭信威记述的史料清晰严整，令人钦佩，但遗憾的是对"宋钱输出对赵宋王朝及宋民的利弊影响"鲜有涉及。

不错，“钱荒”在短期内会带来通货紧缩，并引起铜钱与铁钱及纸币（交子特别是会子）兑换率的大幅上扬，以致绝大多数史书作者和当时在朝决策者异口同声认定这是大宋的损失，并实施了一系列政策乃至严刑酷法以阻止铜币外流，那些在中国历史上声名远扬的人物，如北宋的王安石、司马光和苏东坡等，均对此有所议论。铜币外流在南宋更像是脱缰野马。《宋史·食货志》所录宋淳祐八年（公元1248年）监察御史陈求鲁的一段话颇具代表性：“蕃舶巨艘，形若山岳，乘风驾浪，深入遐陬。贩于中国者皆浮靡无用之异物，而泄于外夷者乃国家富贵之操柄。所得几何，所失者不可胜计矣。”然而事实真的如此吗？

赵宋王朝之物质生产与商业繁荣，在彼时之世界可谓无出其右。孟元老以“目击人”或“亲历者”身份撰写的《东京梦华录》，使今人得以窥望北宋末年汴梁之布局与民生细节，其繁盛雍容令人叹为观止，尽管作者或许是“故意”遗漏了对著名皇家园林“艮岳”的刻画。在《蒙元入侵前夜的中国日常生活》一书中，法国著名汉学家谢和耐用细腻笔触描绘出的古代中华文明鼎盛时期的辉煌便出现于南宋：13世纪杭州的格调是应有尽有的富丽、奢华和雅致。十多年前阅读此书时我产生过疑问：兵败于金、连年贡奉、坐拥半壁、醉生梦死的南宋王朝何以支撑了152年之久？在众多原因中，“货币国际化”这一缘由恐怕绝少有人谈及。对此我的猜想如下：南宋流出的巨量铜钱为南宋创造了巨大的铸币税，而铸币税很可能又是使中国在12—13世纪登上人类经济繁荣、生活富足顶峰的关键推动者。从铸币者即政府的角度看，持有“金属论”观点而视铜钱外流为弊不难理解。但从货物出口国角度看，则是用货物换取货币并让它于本国流通。精明无比的中国商人和与之沆瀣一气的官员从事非法的以币换货贸易，结果应该是在肥了自身的同时也造福了国家。以上所述便是我正在撰写并接近完成的另一篇论文《铜钱国际化与南宋繁荣》的基本逻辑脉络。

在我写的书评中有一类是杂志约稿，还有一类是书读完后欲罢不能，不写篇书评不足以平息自我，后者中就包括千家驹和郭彦岗所著《中国货币演变史》。货币问题一直令我着迷，关键在于经过仔细观察和深入研究，你很容易发现货币和制度可以作为许多重大社会现象的解释变量，比如说在解释中国历史上朝代更迭的基本原因之中，至少还应该加上通货或币制危机这一核心因素。为了写这篇书评，我还特别仔细地研读了彭信威的《中国货币史》等著作，并翻阅了中国人民银行总行参事室编的多卷本《中国近代货币史资料》和《中华民国货币史资料》。后来书评渐渐演化为一篇题为《通货危机与王朝倾覆》的学术文章并于2006年发表在《读书》上，其核心观点如下：至少从正式并大规模使用纸币的赵宋王朝到因币制崩溃而落荒逃离大陆的蒋家政权（公元960—1949年）的这段历史中，我们目睹了有因恶性通货膨胀而败落的——如宋金元和民国，有因通货紧缩而亡国的——如明朝，有因币制混乱被列强掏空的——如清朝，由此大致可以归纳出一个所谓的“千年规律”，即通货危机实乃王朝倾覆的最直接且最致命的原因。关于晚清币制在此多说两句。大约从清光绪十三年（1887年）开始，给事中方汝绍、御史易俊、四品京堂盛宣怀、恭亲王奕䜣等纷纷上折请铸银元，以阻断“百余年来洋人收中国之利权”这一弊端（当时的贸易中外国银元含银六钱却抵银八钱，外商获毛利高达1/3）。当我读到清光绪三十四年（1908年）正月十三《着各省凡铸当十铜元于定额之外加铸三成一文铜元》那道400多字的上谕时真可谓唏嘘不已，感慨良多。光绪帝在离世前十个月还在为面值一文的铸币操心，表明了货币乃国之大事，不可不察。显而易见，币制混乱与清王朝败亡之间的关系值得进一步探究，可以做一篇大文章。

二 货币举足轻重

另一本对我触动较大的书是一本小册子，名为《朱理治金融论稿》。随着1940年皖南事变爆发，国共之间脆弱的合作顿时土崩瓦解，其直接后果之一就是位于延安的陕甘宁边区政府突然间陷入财政危机，因为在此之前边区政府70%以上的预算支出来自国民党重庆政府。为了应对突如其来的财政危机，延安政府决定成立边区银行，并任命曾在清华大学经济系学习过的朱理治为行长。延安地处相对贫瘠的陕北，靠140万贫苦农民的税收显然无法支撑8万党政军人员。面对此等形势，新任行长雷厉风行，上任后第四天就开始发行边币，将边区内流通的法币置换出来作为区外采购之财源，同时严格控制货币发行量以免引起货币贬值。当时朱理治面对的压力还来自内部的一些高级将领，后者认为如今印钞机在自己手上为何还要作茧自缚。接踵而来的问题包括边币与法币兑换比例、边币的充分可兑换性、区外资金到区内投资、边币的区外流通等等。仔细一想，今天的中国在金融开放领域面临的基本问题，80年前边区政权几乎都遇到过了。虽然当时的朱理治并不知道经济学家们发明的“铸币税”等概念，但当时用边币置换区内流通的法币、让信誉相对好的边币“走出去”并以此获得外部物资等操作，竟与货币理论高度吻合。薛暮桥在《抗日战争时期和解放战争时期山东解放区的经济工作》一书中讲的故事亦很精彩而且理论性更强。接着我又去查《毛泽东文集》，发现毛泽东早在1938年就写过《边区的货币政策》一文。随着文献阅读量的增多，原本打算写的书评又成了一篇学术文章：《实践与真知——读〈朱理治金融论稿〉》。随后一个更大的写作计划开始在我脑海中酝酿，轮廓日趋清晰：书绘国共之争共产党完胜的货币金融画卷。这也是我未来学术生涯“三重目标”之二。相关的准备工作已在着手进行，《陕甘宁边区政府文件选编》（六辑）、雷云峰主编的《陕甘宁边区大事记述》和《陕甘宁边区史》、多卷本《陕甘宁边区时期陇东民主政权建设》以及其他根据地的众多文献，早已占据了我书架的一大格。我把此项研究留给了未来的自己。

强调货币重要性的米尔顿·弗里德曼在《货币的祸害》一书中不止一次谈到，国民党政权在大陆失败的一个根本原因在于它所推行的错误的货币政策。这句话等价于一个国家的成功一定得益于成功的货币政策。我尊敬并欣赏的法国历史学家布罗代尔在《15至18世纪的物质文明、经济和资本主义》中曾特别谈到英镑。他把英镑的历史说成是一个令人恼火的问题，也是一部荒诞小说，因为小说逐章展开却始终不向我们披露它的秘密，而这里应该有也必定有一个秘密，有一种解释。布罗代尔以极其敏锐的目光注视着17—19世纪两百多年间英镑（相对于黄金）币值的超稳定性，并明确指出英镑的稳定是英国走向强盛并成为世界霸主的一个关键因素，而其中的逻辑在于：如果没有稳定的价值尺度，便不容易得到信贷，借钱给君主的人就没有安全感，也就没有人寄信赖予契约；而没有信贷，就谈不上国家的强盛和金融优势。他同时还特别警告说：对于英镑的历史，请不要相信只有一种解释，而是应该相信有一连串的解释；不要相信存在一个指导具体政策的理论思想，而是要相信有一系列应付燃眉之急的实际解决方案，从长期看，每一个解决方案都是当时条件下的最佳决策，这一点很关键。布罗代尔文字中充满智慧的内容当数最后几句：凌乱的、随机的、应急的、未经深思熟虑的一系列政策，终究汇集成了人类伟大的制度安排。15年前读到此处时我受到的冲击真可谓醍醐灌顶，由此，“英镑之谜”便成了时不时就会冒出来的问题，以至于将来有一天我定要著文以经济学者的视角把英镑的历史讲述一遍，用政治经济学去理解每一次英镑危机出现的背景与政策应对博弈，并最终说明“积小胜为大胜”的英镑政策如何在英国成为世界强国过程中扮演着不可或缺之角色。

同样是说货币但侧重点往往不同。弗里德曼关注的是货币发行量与物价水平之间的经验关系，这在他和安娜·施瓦茨合著的《美国货币史》中得到集中体现。尽管在政策倾向上和凯恩斯针锋相对，但弗里德曼的理论尤其是总量分析方法，还是脱胎于凯恩斯的《就业、利息和货币通论》。亚当·斯密在《国富论》中虽说没有独立章节讨论货币理论，但却用了全书1/4左右的篇幅谈论国债及国债市场。查尔斯·金德尔伯格的《西欧金融史》和尼尔·弗格森的《金钱关系》可以被看成是对斯密传统的继承，即将货币与财政作为一个整体加以讨论。马克思在《资本论》第一卷中聚焦的是货币的起源与演进，应该讲，这是我见到过的逻辑推理最严密的微观货币理论。罗伯特·蒙代尔在其六卷本的《蒙代尔经济学文集》中主要探究的是国际货币理论以及政策。弗里德里希·哈耶克在《货币的非国家化》一书中强调的是不同的货币提供者引起的资源配置效率差异化。一旦牵扯到财政，便卷入了政治，也就自然要提到查尔斯·古德哈特的论文《货币的双重概念：对最优货币区分析的启示》和《什么是货币的本质》。对思索货币问题十多年的我来说，也确实到了清理一下各种货币学说并形成更为系统化的认知框架的时候了。2008年前后，人民币国际化成为政策辩论的一个热门话题。在此背景下我和合作者张静春撰写了近四万字的长篇论文《货币的性质与人民币的未来选择——兼论亚洲货币合作》。我们从货币的经济属性走向政治属性，突出货币所具有的国家或权力特征，指出其本质是建立在国家权威基础上的社会信用关系，进而，在国家林立的国际社会中，货币具有国家财富直接创造者的功能，主要途径之一就是赚取国际铸币税，从相当意义上讲，大国关系史同时也是一部货币权力博弈的历史。爱屋及乌，我指导的博士中还有几位的论文题目与货币金融相关，如常军红的《东亚建立区域外汇储备库的政治经济学分析》、李晓耕的《国际货币体系的政治起源》和曹歌的《香港联系汇率制度的政治经济学研究》。

2008年金融危机以来，特别是近两三年来随着种类繁多的数字货币的兴起，国际货币体系多元化议题不断升温。这不禁让我想起哈耶克的《货币的非国家化》一书。作为私人货币的拥趸，他给出的理由与利益集团理论不谋而合：政府是在有组织的利益集团的压力下进行治理的，因此我们不能指望其聪明或富有同情心，而只能依靠其纯粹的自利来为我们提供我们所需要的制度；只有当我们期望的良币不再来自政府的仁慈，而出自发钞银行对自身利益的关注时，我们才确实进入了幸福时光。宾夕法尼亚大学Jesus Fernandez-Villaverde教授2017年在《论货币竞争经济学》一文中指出，今天私人创立并发行加密数字货币十分简单，哈耶克梦想成真的技术条件已完全具备。在建立简单完全竞争货币模型后他发现：有私人货币存在的货币均衡不会带来价格稳定，因为私人货币发行者往往更关注诸如铸币税等回报；即使铸币成本函数能让我们达到一个均衡且在此均衡下物价是稳定的，那也可能因为货币估值取决于人们的预期而导致私人货币的价值降至零；私人货币即使在价格稳定的均衡中也无法提供社会最优数量。尽管如此，来自私人货币的竞争威胁会使任何一个发行货币的政府更遵守市场规律。我对私人数字货币始终不看好。当把每个发行货币的国家或地区视为一个全球市场的“私人发钞行”并且它们之间“相互竞争”

2016年，张宇燕（左一）参加博鳌亚洲论坛

时，我们看到的是美元霸权以及美国对这一霸权的滥用。更深层次的原因在于货币发行权事关国家财政，这也正是杰佛瑞·布伦南和詹姆斯·布坎南在《宪政经济学》一书扉页上引用美国最高法院首席法官约翰·马歇尔那句“征税的权力事关毁灭的权力”的原因。约翰·托兰在《希特勒传：从乞丐到元首》一书中描写了这样一个细节：当上总理后在考查帝国银行总裁人选时，希特勒问亚尔玛·沙希特，银行能拿出多少钱支持公共工程和武装德国计划，这位随后声名大噪、智商高达143的纳粹银行家胸有成竹地回答说：“将最后一位失业者从街头清除需要多少钱，帝国银行就能提供多少钱。”

三 经济学中的中国灯塔

我国蒙古族有一首优美的爱情歌曲叫《敖包相会》。歌虽说早就听过，但第一次亲眼见到敖包还是在21世纪初年。大大超出我想象的是敖包式样。它由大小不一的石头堆砌而成，坐落于广袤草原中地势稍高一点的丘陵之上，中间竖立着“木幡杆”，周围挂着五色飘带绸、八色布条和经幡，顶部是一柄四刃铁矛，分别指向四方。陪同人员事先就建议我们每人准备好三块石头，走近敖包时要满怀敬意地将石头丢到石堆上，并虔诚地围着敖包顺时针转三圈，如此一来便会得到神灵保佑。后来我进一步了解到敖包的基本功能是为牧民在茫茫草原上提供坐标，以防止迷失方向。游牧民族青年男女相会总要有个地标，这样敖包也顺带被赋予了一个额外的当然也是十分重要的“约会地点”之功能。在经济学中有些论文是以寓言为主题展开讨论的，其中非常著名的一篇叫《经济学中的灯塔》，作者是罗纳德·科斯。西方主流经济学家的代表保罗·萨缪尔森在其声名远扬的《经济学》教科书中，曾以港口附近的灯塔为例来说明政府在提供公共产品过程中不可或缺的作用。科斯埋头研究了历史上英国沿岸的灯塔，发现它们几乎全都由私人建造并靠过往船主的缴费来维持运营，亦即灯塔不是公共产品而是私人产品。在用事实对流行陈述做了判决性证伪后，科斯建议那些期待政府发挥公共产品提供职能的经济学家最好找个更恰当的例子来支持其主张。可能是科斯的论文太具颠覆性，以致

⬆ 2000年，张宇燕在学术会议上发言

我几年后见到敖包时就产生了写一篇题目就叫《经济学中的中国灯塔》的论文的冲动。当伫立在福建泉州姑嫂塔前时，我那被惰性拖滞数年的冲动一下子又强烈起来。

泉州在唐、五代、宋、元各朝富商云集繁华无比，泉州港数百年间一直为东方第一大港，亦一度为世界第一大港，而姑嫂塔就坐落于泉州港附近的高起显眼之处，近23米的塔身更是凸显了其庄严与威傲。由于塔内有佛龛7座，各供奉佛像一尊，故又称“万寿宝塔”。姑嫂塔主要功能有二：既为进出港口的货运船导航，又为烧香拜佛者提供朝圣之所。随之而来的问题是，谁建造了规模巨大所费不赀的姑嫂塔？如果是官府建造，那由政府提供公共产品的“理论”是什么？如果是私人建造与运营，那他们收费吗？如果收费，那缴费制度又是如何设计与执行的？带着这些问题回到北京后不久，我便带着我的学生杜秦川开始收集相关资料，包括查阅地方志以及请福州和厦门大学的朋友帮助打听哪里能够找到地方色彩很浓的文献。关于公共产品提供的经济学文献相对好找，但可以作为证据的资料则难以寻觅。失望之余，我们决定放弃科斯路线，即用实证材料强力支持所论命题，而改用提出“猜想”来表明我们的意图。内蒙古草原上的敖包给了我灵感。游牧民族的统治者没有“驻守民族”那样的兴趣去规划和建造发挥导航功能的敖包，牧民组织起来共同建造它们的激励又远远不够，因为没有人确知下一年的草场在哪里，更重要的是即使建成了，收费成本也将很高。受到敖包特有功能的吸引，神灵被请了出来，而且会对那些为敖包这一公共产品做出贡献的人回报以祝福。敖包的故事很可能也是姑嫂塔的故事。顺着这一思路我们有理由设想，最初是灯塔需求的出现，然后是最大的利益攸关方出面张罗建塔，为了吸引更多人参与其中，灯塔被建成了佛塔的模样也确实为信众提供了宗教服务，源源不断流入的香火钱和捐赠为灯塔的日常运转提供了保障，最终结果皆大欢喜。显而易见，这种在政府缺位和市场失灵条件下的公共产品提供方式具有典型的中国特色，至少在张仲礼的《中国绅士研究》、费孝通的《中国绅士》和《乡土中国》等书中，我们可以找到许多证实“猜想”的旁证。

卡尔·魏特夫在《东方专制主义：对于极权力量的比较研究》一书中把治水视为以农耕文明为特征的古代中国的重中之重，为了治水就必须动员和组织为数众多的民工参与其中，于是等级化的官僚制度便应运而生并尾大不掉，最终演化为东方特有的“专制主义”。在这个问题上我基本同意李约瑟在《四海之内》对魏特夫的评价，即：有道理，但魏特夫的“道理”只说对了一半。对中国这样一个幅员辽阔的国家而言，大江大河的治理无疑是统治者获取合法性的重要途径，然而从大江大河到田间灌溉尚有一段很长的距离，最后像毛细血管一样化整为零变成沟、渠。在此过程中皇权或政府作用快速递减主要和财政能力不足有关。这时县乡村各级的水利、路桥、津渡等地方公共产品的提供，便成了传统中国绅士的责任。他们往往视家乡福利增进和利益保护为己任，代表本地利益，除了提供上述公共产品，还充当官员与百姓的中间人，提供诸如排解纠纷、赈济慈善、协助征税等公共服务，兴建和维护寺院、学校、贡院、平仓、堡寨等公共设施，组织团练，修纂地方志，通过书院和“圣谕”宣讲等途径弘扬儒学维护纲常伦纪，等等。当把魏特夫描述的我所称的“宏观中国”和张仲礼、费孝通等人眼中的我所称的“微观中国”合为一体时（最好再加上“中观中国”），我们大致上就可以看到一幅较为完整的古代中国“图像”。后来读到杨联陞在《国史探微》中的长文《从经济角度看帝制中国的公共工程》，我很开心地发现他对魏特夫的批评也是同样的思路，而且他还就中国人的“报应”观谈及宗教在公共工程建设中的独特作用，可惜的是没说到灯塔。中华文明博大精深，我又缺乏足够的训诂学素养，以致在谈论它时总感参考引用以二手文献居多，浅尝辄止的念头总会冒出来。这或许就是那篇《经济学中的中国灯塔》完成五年多了却又没有公开发表的主要原因。把未来研究的主攻方向之一定在国共之争中的财政因素，原因也大致在此。

话说到此，索性就再补充两句。中国处理公共产品提供问题的独特性并不是孤立的。至少在余英时等人看来，古代中国应属于典型的“政治腐败经济”型国家或文明。在《士与中国文化》一书中，他曾不惜笔墨地讨论过商人集团依附于官僚集团的“传统”，特别提及明代中国最发达地区——江浙流行的《士商要览卷三·买卖机关》，其中有一条为“是官当敬”。其下注曰：“官无大小，皆受朝廷一命，权可制人，不可因其秩卑，放肆侮慢。……凡见长官，需起立引避，盖尝为卑为降，实吾民之职分也。”对此，李约瑟则持有不同看法。在他的《四海之内》文集中有一篇长达63页的文章，题为《现代中国的古代传统》。在李约瑟看来，中国老话说的“升官发财”实乃中国社会的一个传统准则，因为历朝政府发给官员们的薪俸都不足以维持体面的生活，结果就自然变成了抽取回扣。有鉴于此，李约瑟不赞成把传统中国说成是一个“贪污勒索”的国家，为此他还特地参考《圣经》发明了一个词并建议大家使用：nosphizein，意即“回扣式-水利工程型亚洲官僚政治”。之后他语重心长地补充说，随着社会和工业变化，行政道德观念也必须改变，否则旧社会就不可能转变为现代化新国家。李约瑟还有一个观点亦富于启发性，即国家占有生产资料进行国有化生产乃中国传统，其中的思想原则在桓宽的《盐铁论》中得到了充分体现。

四 长期增长

在亚太所工作的六年半中，我对货币金融的研究始终是与对制度变迁的关注同步进行的，至于原因说来很简单，那就是两者密切相关，而且直指同一归宿——长期经济增长。我在博士论文中为理解制度与经济增长之间的因果关系搭建了一个系统的分析框架，现在终于有时间将它集中运用于对某一重大历史现象的解释之中了，也就是我在博士论文开篇便提到的所谓“李约瑟问题”：在东方或中国为什么没有发生西欧式的技术革命。根据安格斯·麦迪森在《世界经济千年史》等书中所做的估算，中国从公元1年到1800年间人均GDP年增长率持续维持在0.2%的水平上。如此一来，中国在17—18世纪的“停滞”问题便可分割成为两个问题，一个事关西方世界的兴起，另一个事关东方世界的停滞。对于西方世界的兴起，已有的专著甚多，人们耳熟能详的包括道格拉斯·诺斯和罗伯特·托马斯合作的著作《西方世界的兴起》，阿诺德·汤因比的《历史研究》（尽管他更愿意把分析单位定于文明而非国家），保罗·肯尼迪的《大国的兴衰》，戴维·兰德斯的《国富国穷》，以及曼瑟·奥尔森的《国家的兴衰》，等等。为了能在旧议题下说出一些新观点，途径之一是细化老问题或提出新问题。鉴于诺斯等人已经用新制度经济学理论对西方的兴起给出了经典解释——以保障产权为核心的制度导致英国和荷兰走上了长期快速增长之路，我们只好另辟蹊径旁敲侧击：为什么不早不晚在17世纪下半叶代表先进生产力的英国资产阶级形成集体行动并于1688年成功发动“光荣革命”且通过《权利法案》来保障自身财产权？在回答这一问题过程中，我们把西方世界兴起的故事讲得更加完整了：“被发现”的新大陆拥有巨量贵金属，早期殖民者通过直接掠夺或参与分赃在短期内暴富，一夜暴富者最关心的是财产安全，对财产安全造成最大威胁的首推国王，于是便出现了以限制王权侵害产权能力为目的的资产阶级革命，革命成功催生了工业革命……这即是我和我指导的博士生高程在2004年发表在《社会科学战线》第一期上的《美洲金银和西方世界的兴起》一文的中心思想，10个月后我们又将论文扩充为一本专著由中信出版社出版。

在货币主义者弗里德曼等人看来，“货币中性”是一个得到事实证明了的命题。用罗伯特·卢卡斯在《预期与货币中性》一文中给出的定义，“货币中性”指的是货币因素在长期不会对实际变量（如就业、收入和产出等）产生影响，它唯一能影响的是价格这样的名义变量。然而一旦把货币具有的“财富”特征考虑进去，货币量在特定历史时期的快速扩张与非均衡的分配，势必引发阶级结构的变化进而导致制度变迁。基于这样一种逻辑和经验支持，我们提出了“长期货币非中性”概念，其中货币的一般性功能与财富效能得以兼顾，货币的政治性得以突出。在此基础上我们尝试着将长期增长问题由单一的制度解释拓展为“制度-货币二元分析”。说到制度的关键作用，诺斯等人强调产权保护对经济增长具有决定性意义，原则上讲并不错，但这种说法掩盖了一个事实，那就是“光荣革命”前的王权制度也是竭力保护贵族阶级产权的，同时产权保护强度又决定于成本的高低。由此，我们在著作中对制度之关键要素——产权保护范畴也进行了“扩容”：对长期增长而言，非中性的产权保护资源的分布或结构重于产权保护本身。换言之，西方世界的兴起更多的是取决于制度变迁有利于当时最具有生产性的阶级——新兴资产阶级。书稿完成后，我读到了西蒙·约翰逊、德隆·阿西莫格鲁和琼斯·罗宾逊于2002年合著的工作论文《欧洲的兴起：大西洋贸易、制度变迁和经济增长》。虽然从文章题目中便可看出我们在论证逻辑上有许多相似之处（为此我还专门写了一个说明），但区别也是显而易见的，比如各自的侧重点不同，一个是货币，一个是贸易，又比如我们看重的是与货币密切关联的金融市场的确立与拓展对经济增长的促进作用，他们则更关注伴随贸易扩张而来的市场规模变化对经济增长的积极影响，再比如我们讨论的“长期货币非中性”和“产权保护结构重于产权保护本身”等议题，在他们的逻辑链条中属于缺项。

最近我看到，史蒂芬·哈伯、阿曼多·拉佐和诺埃尔·毛雷尔在《产权的政治学：墨西哥的制度转型》（英文副标题为“1876—1929年墨西哥的政治动荡、可置信承诺和经济增长”）一书中得出的结论与我们不谋而合。三位作者提出的问题是“为什么一些发展中国家的政治动荡没有转化为经济增长的制约因素”，而这一问题与“什么是导致一国经济长期增长的关键因素”形异实同。为了回答这一问题，他们发展出了一个解释墨西哥等发展中国家经济长期增长的理论，其核心为政府其实不必把保护财产权作为一项必需的公共产品加以对待，而只需有选择地，或是像提供某种私人产品那样，保护那些与政府分享因受到财产保护而产生的租金的资产持有者集团即可。剑桥大学出版社出版此书的时间为2003年5月，而此时我们的论文已经完成并投给了杂志。研究者身处东方和西方，研究对象国分别为英国和墨西哥，考察时间跨度达两个世纪，但却不约而同地得出了几乎完全相同的结论，这着实是一件令人愉快的事情。说到社会或政治动荡与经济增长之间的关系，我最初还是从奥尔森那里得到的启发。由于把既得利益集团视为导致制度僵化并最终迟滞经济增长的主要因素，奥尔森至少是暗示了通过社会或政治动荡来打碎既得利益集团的政策倾向，因此也有一些人批评他倡导“革命”。有鉴于此，我在1996年的一篇题为《社会震荡与保守主义的四个特征》的短文中小心地把社会震荡区分为“积极震荡”和“消极震荡”，前者指那些破除僵化制度、破除垄断等释放生产潜力的社会变迁，后者则是指动摇甚至摧毁了现有制度或秩序，同时新秩序又无法形成或难以有效运作的社会变迁。无论是“自上而下”还是“自下而上”的社会变迁，其目标都应该是实现“积极震荡”。反向看这个问题也很有趣，因为经济快速增长的一个后果便是社会震荡。后来沿着奥尔森和《法国大革命讲稿》的作者阿克顿勋爵的相同思路，我发表了一篇题为《经济快速增长与社会动荡》的理论文章。

处理完西方世界的兴起问题，我便马上开始处理那个让我魂牵梦萦的议题：东方世界的停滞。我和高程继续合作，并将“制度-货币二元分析”方法用于晚明中国经济停滞的分析之中。我们发现，同样受到大规模白银冲击的晚明中国，虽然也产生了一个新兴的商人阶层，但他们没有像西欧特别是英国商人阶层一样成功地进行了资产阶级革命，并最终把英国乃至西欧带上了经济增长的快车道，从而使中国与白银冲击带来的“历史机遇”失之交臂。在寻找猜测性解答的过程中，我阅读了王亚南的《中国官僚政治研究》和费孝通、吴晗的《皇权与绅权》，可谓获益良多。在王亚南看来，建立在“地主经济”基础上的中国官僚政治的基本病症，就在于使商人阶层无法独立，只能依附于官僚阶层或地主阶级，并形成官商“苟合”的局面，以至于无法发展壮大成为与官僚阶层相互竞争的对立阶层，进而无法完成人类历史进程中他们本该肩负起的重任。无独有偶，费孝通当时也关注着同一问题。他写道，传统中国是一个皇帝和以皇帝为中心的官僚集团与士绅阶层共同治理的国家，即“皇权”与“绅权”；鉴于皇权占有绝对支配地位，那些集地主、商人、乡绅三重身份于一身的“士绅”常常通过与官僚集团勾结或通过科举直接进入官僚阶层等方式，求得各种“免疫性”特权，在制度的灰色区域中保护自身财产免受皇权侵犯；长此以往，商人们习惯并依赖于这种消极的“逃避”方式，绝无胆量觊觎政权或与之分庭抗礼。由此王亚南和费孝通便把“东方世界的停滞”或“李约瑟之谜”从一个“技术落后”问题转化成为一个“制度”僵化、“阶级”兴衰与支配被支配问题，从而与制度经济学实现了对接。我和高程在2005年发表于《经济学（季刊）》上题为《海外白银、初始制度条件与东方世界的停滞——关于晚明中国何以“错过”经济起飞历史机遇的猜想》的论文，便是围绕“王亚南-费孝通命题”展开的。

在论文中我们得出了下面几个主要结论：外部冲击或突发事件（譬如海外白银大量输入）的影响力，在相当意义上取决于特定辖区的初始制度状态以及在那些初始状态下不同群体对外部冲击的敏感性；明代中国海量出口丝货、瓷器和茶叶换回了巨额白银并催生了一大批富商，但他们还是纷纷理性地选择了通过科举融入皇权体系来保护产权这一低成本低风险之路；东西方在产权保护强度与集团分布上的差异，最终决定了西方世界的兴起和东方世界的停滞这一近代史上的“大分叉”；白银流入不意味着金融市场的同步发展与成熟，而后者的非成熟又构成了掣肘投资和创新的主要因素，明清两朝一直居高不下的利率水平与同期英国利率的持续降低形成了鲜明对照（杨联陞在《中国货币与信贷简史》中有专门讨论）；出口制成品和进口货币使中国陷入了一种看似受益实则不利的国际分工格局，因为一方面国内产业结构被锁定在丝绸和瓷器而非坚船利炮上，另一方面大量资源浪费在了买“钱”上，而关于这一问题，原本在宋元和明朝前期实践过的纸币体系已经指出了解决路径。我们的论文见诸刊物后，皮建才博士发表了题为《李约瑟之谜的解释：我们到底站在哪里？》的商榷文章，我们也相应地做了回答，其中的两点他谈得很准，即说我们的文章“弹着点”太多而且过度拘泥于“制度–货币二元分析”。其实从我上面概括的主要结论中很容易发现皮博士的批评是对的，因为在一篇文章中涉及这么多的内容难免让人眼花缭乱，但我们对那些相关且重大的问题又实在难以割舍。立此存照以待日后深入研究应该讲也不无道理。仔细思考一下，四个主要结论每个都是很有价值的命题，值得进一步做篇大文章。说到这里我顺带提一下早年读约翰·希克斯的《经济史理论》时想到的一个问题：英国国王最终向新兴阶级让步的原因之一，在于后者财源位于国王领地或管辖权之外，在于金银数额巨大，国王及贵族们只好“屈尊”地以合伙人身份参与分赃。我把这一问题称为“希克斯命题”，并预感到证明或证伪此命题的过程一定非常刺激。

在我发表的著作中，讨论西方世界的兴起和东方世界的停滞的论文分量是比较重的。首先，国家兴衰问题属于典型的重大且带有根本性的问题。对以学术研究为业或对思想感兴趣的人而言，面对种类繁多的好玩的题目，最明智的办法就是权衡轻重后“就重避轻”。其次，国家兴衰这类问题和我以制度经济学为基础建立起的认知结构之间吻合度或匹配度甚高。撰写上述两篇论文，既是对我博士论文主题的深化与扩展研究，也是对自己研究架构的一次应用与检验。再次，国家兴衰的原因往往不是单一的，故对此问题的回答一定要基于跨学科研究成果。说到这里我一下子想起了历史学家爱德华·吉本，他在《罗马帝国衰亡史》开列的帝国败亡的原因粗略统计一下就有十几条。最后，国家兴衰与大国博弈几乎是同类问题。兴也好衰也罢，无一不是相对别国或别的文明而言的。也正是在此意义上，国际政治经济的基础性问题就是与国家兴衰紧密相连的长期增长问题，恰如巴里·艾肯格林在其《全球转换》一文中所说：经济财富的变化，不论是相对变化还是绝对变化，其原因与后果，即便不是经济学的全部中心问题，也可能是经济史的全部中心问题。基于以上考虑，我决定将两篇论文扩展成两本专著。多少有些遗憾的是第二篇论文的扩展工作还在进行中，主要原因是时间稀缺和需要补充的内容随着阅读的持续增加而不断增加，以至补充完善后的第一章字数接近3万，篇幅和已发表的论文相差无几。虽然拖了十几年，但这项工作一定会完成的，书名仍将沿用我们所发表论文的题目。

五 疫情的启示

这次写作学术自传，恰逢新冠肺炎疫情肆虐，其规模和影响都远超2003年的非典（SARS）疫情。虽说在研究“光荣革命”前那段欧洲史时零散地接触到一些关于欧洲黑死病或鼠疫的材料，也读到“西方殖民者征服美洲大陆时带去的天花等传染病导致美洲原住民死亡率超过90%”的信息，但把传染病作为一个研究课题的想法，还是在经历了SARS以后读到德隆·阿西莫格鲁、西蒙·约翰逊和詹姆斯·罗宾逊合写的《历史中的疾病与发展》一文才有的。他们提的问题是：健康条件和疾病环境是不是导致穷国和富国人均收入差距的主要原因。随后我再去翻看布罗代尔《15至18世纪的物质文明、经济和资本主义》一书中的相关段落，重读罗伯特·福格尔在《人口统计学》上发表的《技术生理进化论》等文献。布罗代尔解释了欧洲人在经历过多次大规模疫病传播后形成的“免疫优势”如何帮助其征服美洲，福格尔则首创不同于遗传学意义上的而仅指生物学和生理学意义上的“进化”，如体能、健康和寿命延长等因素对长期经济增长的影响。比较各种讨论（传染性）疾病与经济增长之间关系的理论后，我在2004年发表的《疾病环境、健康条件与经济发展》一文中明确展示了自己对此问题的倾向性：尽管大量证据显示与人力资本积累密切关联的健康和预期寿命与人均收入增长之间高度正相关，但疾病或健康对长期增长或经济发展所施加的深远影响，通常是通过作用于制度形成或演化来实现的。具体说就是，随机出现的疾病尤其是突如其来的传染病，在特定历史时点上和特定国家内，约束或鼓励了当时制度选择的方向、内容和速度，一个群体面临灭顶之灾时做出的集体选择，先以权宜之计的面貌出现，继而成为惯例，最后成为决定经济绩效的制度安排。话说到此，我再表达一下对写出下面两句话的布罗代尔的敬意：人类因成为其他生物的捕食者而在宏观上统治世界，但在微观层面人类又成为细菌或病毒的捕食对象。最终谁能笑到最后，尚无定论。

疾病或健康对长期增长产生迂回但却深远的影响，这一结论要得到令人信服的证实还需要做细致的工作。我看到的支持性文献除了阿西莫格鲁等人的论文外，最有代表性的就是诺斯和罗伯特·托马斯发表于1971年的《庄园制的兴衰：一个理论模型》。在这篇文章中，欧洲尤其是英国以人身依附为特征的庄园制在14—16世纪逐步解体，被认为是通向17世纪“光荣革命”道路上的重要基石，而动摇庄园制根基的关键原因之一，便是14世纪中期横扫欧洲的黑死病。这场流行病的暴发导致欧洲人口至少缩减了1/4。人口短时间内大幅度减少引起的直接后果是土地和劳动力之间的比例骤然变化，以劳役为基础的庄园制自此难以为继了。在2000年再版的《疾病改变历史》一书中，弗雷德里克·卡特赖特和迈克尔·比迪斯得出了极为相近的结论：黑死病给已经遭到削弱的封建庄园制以打击，使之在两代人的时间里失去了其主要内涵，并在150年内完全消亡。在英国，人口剧减以及诸如1455—1485年贵族之间残酷的“玫瑰战争”，让租地农户有机会趁乱收购昔日封建主人的土地而摇身一变成为新兴社会阶层，到了16世纪，英国也完全变成一个租地农场主国家。马克思在《资本论》中对此也进行过详尽讨论。关于欧洲殖民者在征服美洲过程中带去的传染病及其后果，贾雷德·戴蒙德在《枪炮、病菌与钢铁：人类社会的命运》一书中对其做了工笔画式的描绘。就整个新大陆而言，在哥伦布到来后的一两个世纪里，传染病（主要是天花）导致印第安人口减少了约95%。尽管欧洲人在武器、技术和行政管理等方面的优势巨大，但这并不足以保证他们仅以数以百计的军队便可征服美洲大陆。随着对美洲的征服和赤裸裸的掠夺，特别是随着无数金银源源不断地流向大西洋对岸，新兴工商阶级登台亮相并成为新舞台的主角，历史新的一幕由此拉开。

在我读到的文字中，对疫情传播进行全景式且惟妙惟肖描述的，并非《疾病改变历史》那样的学术著作，而是法国作家阿尔贝·加缪发表于1947年的诺贝尔文学奖获奖作品《鼠疫》。在阿尔及利亚的奥兰市这一虚构故事的发生地，疫情蔓延过程几乎与我们今天所见如出一辙。当鼠疫过去之后，加缪对他的主人公——出于责任感而与疫病做殊死搏斗的里厄医生做了如下点评：一个人能在鼠疫和生活的赌博中赢得的全部东西，就是知识和回忆。然而，可悲之处在于人类常常是健忘的。1918年暴发并夺去2600万人生命的“西班牙流感”阴影依旧，2003年的SARS更是殷鉴不远。美国国家情报委员会2012年发布的《全球发展趋势2030》中展望的四种情景之一为“引擎熄火的世界”，其原因或表现之一就是全球大瘟疫蔓延引发全球治理崩溃。由世界银行和世界卫生组织联合发起的全球备灾监测委员会（GPMB），于2019年7月发布了题为《全球处在危险中》的报告，并明确警告说，目前存在着暴发一场席卷全球、导致8000万人丧生的大规模流行病疫情的现实威胁，而世界各国各个层面都缺乏持续的政治意愿去做预防准备。中国成功控制住新冠病毒传播，为最终战胜这一人类共同敌人做出巨大贡献与牺牲，可歌可泣。叙说并记住过去很有必要，同等重要的是此次疫情将以何种方式改变未来。300年后的历史学家回过头来看2020年前后的世界时，至少有两件事他们定会浓墨重彩地加以描绘：新冠肺炎疫情大流行，以及由疫情触发（更准确地说是加速、加剧）的中国和美国之间的大国博弈。本次疫情大暴发将人类引领或推搡到了一个十字路口：同舟共济还是以邻为壑？历史一方面在昭示，人类在同一条船上，面对着疫病等共同敌人，以人类命运共同体理念求同存异何等紧迫；另一方面已有迹象表明，美国执意与中国全面脱钩的风险在上升。

美国的霸道与傲慢让我联想到东西方关系的一个历史片段。1794年英王特使马戛尔尼觐见乾隆帝时，中国人认为自己就是世界并且能够环抱世界。阿兰·佩雷菲特在《停滞的帝国》一书中对中国与西方首次正式官方高级别接触不欢而散做出了这样的评价：如果英国使臣以另一种方式提出建议，如果中国皇帝以另一种方式处理这些建议，中国可能不必以世界为之震撼的方式苏醒过来；一方的狂妄自大与另一方的骄傲自满相对抗，结果使人类失却了难以估量的财富，这些财富只能随同没有发生过的历史被永远埋藏。《在传统与现代性之间：王韬与晚清改革》一书作者美国汉学家柯文写道：清王朝的高傲到了1900年几乎荡然无存，当时中国最早一批睁眼看世界的沿海改革者，心怀从根本上变革中华文明的崭新愿望，诚挚地尊崇西方文明；这种新的世界观念——赞赏从对外贸易中获得利润和在政治上接受民族主义观点，看起来就像是对西方世界观念的直接反映，然而就根本的方面来说它又不是这样；从这种世界观念在近代中国刚刚出现的时候起，它就含有一种强烈的，有时是无声的向西方复仇的不满与义愤之情。读到柯文这最后一句话时我的心跳陡然加快。通过保罗·埃文斯《费正清看中国》一书我了解到，在费正清看来，中国和西方特别是美国之间的真正问题，在于两国的不同制度、不同的价值观和对真善美的不同认识。他不赞同尼克松与基辛格那种把中美关系建立在战略利益共同性之上的政策，而是主张通过识别文化的差异以及对这些差异的认可来实现两国的理解与合作。在此我想强调的是，今天的中国早已不是1900年的中国，更迥异于1794年的中国。我们在认真思考费正清见解的同时，还要对“佩雷菲特预言”保持高度警惕：马戛尔尼与乾隆帝的那次失败的会见教训犹在；他们尚未死去，他们生存在我们中间，他们又在我们身上转世了，他们也许是不朽的。

柒

回到社科院世界经济与政治研究所：理解改革开放与全球治理

一 理解中国改革开放

从1989年到2019年，直接以中国经济改革开放为主题的论文我一共写了8篇。前两篇是1988年和1989年参加联合国世界发展经济学研究院联合研究项目时完成的工作论文，内容主要涉及中国的改革、发展与稳定政策。接下来的论文包括1995年讨论国家层面的放松管制、1996年探究国有企业改革、1998年阐释改革与财政压力之间的关系并描述了中国“甩包袱型”改革路径、2005年分析中国农民对致富之路的探索等4篇。2008年春，应上海《文景》杂志主编杨丽华女士的约稿，我埋头数月完成了《斯密定理、奥尔森条件和改革开放：对三十年来中国高速增长的制度经济学解释》一文的写作。在此文中我将中国改革开放实践及其取得的巨大成功纳入一个经济学框架加以描述和说明：市场规模扩大—潜在的“得自贸易的收入”出现或增大—得到政府恰当保障的财产权和契约权—交易成为可能—分工和专业化程度加强—劳动生产率提高—经济增长。鉴于在这个模型中斯密的“无形之手”和奥尔森的“引导之手”紧紧地握在了一起，我将其统称为“斯密-奥尔森定理”或“斯密-奥尔森增长”。不难看出，这一理论分析架构带有明显的“博士论文痕迹”，当然区别也是有的，并主要表现在将“斯密定理”和“奥尔森增长”纳入一个统一的分析框架，以及把传统中央计划型国家经济货币化过程视为内部市场规模扩大的重要内容。到了2018年，中国迎来改革开放40年，一方面是应

《中国社会科学》编辑部之邀，另一方面也是出于弥补不足的考虑，即以前的文章重国内经济改革轻对外开放，我撰写了《中国对外开放：过程、绩效与逻辑》一文，并在其中突出了“淮南子（刘安）-司马迁定理”的理论和现实价值，同时淡化了比他们晚了近两千年的“斯密定理”的色彩。除了这8篇直接讨论中国改革开放的论文外，前面提到的《利益集团与“贾谊定理”：一个初步的分析框架》《利益集团与制度非中性》两篇论文，前者是关于利益集团规模、数量与政治稳定性之间关系的，后者是关于制度非中性的，也都间接地与中国改革开放有着紧密联系。

2009年年中我回到了阔别12年的世经政所。在世经政所，跟踪分析研判世界经济现状与走势自然就成了日常工作的一部分，以致连续9年我都参与撰写了年度《世界经济黄皮书》的总论，合作者先后有田丰、徐秀军和姚枝仲。工作单位转换给我带来的影响主要表现在能够自由支配的时间被极大地压缩了，而就学术研究而言，我受到的影响微乎其微，因为已经根植于脑海的问题不大可能被遗忘，理论研究的兴趣也依然浓烈。过去10年中我自以为可圈可点的且已有初步成果的研究主要有两项：一是对中国改革开放的进程、逻辑与理论的进一步梳理与总结，二是对全球治理问题的理论分析。2014年我应邀到雅典参加中国-希腊文明对话，主办方希望我讲讲中国30多年来的改革开放。这给了我一个把过去20多年对中国经济发展的思考加以整合提炼的机会。在准备发言提纲时我重读了《邓小平文选》，并决定用邓小平的原话作为每一节的小标题，比如“摸着石头过河”“贫穷不是社会主义”“一国两制”“韬光养晦有所作为”等。后来证明这样做的效果还不错。之后不久，中国社会科学出版社赵剑英社长向我约写一本相关内容的书，结果便是《中国的和平发展道路》于2017年出版。在这本著作中，我和冯维江力求对中国的改革开放做一个全景式描述，并特别向国外关于改革开放的怀疑、误读和曲解做了有针对性的回应。为了让域外读者更容易地理解中国发展的“和平性”，我们开篇就谈道：“龙”起源于不同原始部落在融合过程中各自图腾的叠加，而据远古中国的“物候法”，各部落图腾的选择又取决于能够准确告知先民何时播种的“候鸟”或“候物”，如蛇、鱼、大雁等。在书的结尾部分，我们用“乒乓球传奇”说明中华民族复兴不会一帆风顺：中国运动员囊括全部金牌后乒乓球规则便不断地被改变。

这本书既是对以往研究的一个总结，也是下一阶段研究的起点。1978年的改革开放注定因其开启了中华文明复兴之路乃至改变了人类历史进程而被载入史册。它为什么会发生？为什么不早不晚在1978年发生？15年前我们讨论西方世

➲ 2011年，张宇燕在世经政所办公室

界兴起时提的问题在这里又一次被提了出来。这一好奇心催生了我的另一个学术“野心”，即2028年改革开放50年之际，随着对改革开放的认知不断积累和深化，我们可以尝试着对这一影响深远的历史进程形成一个比较清晰、完整和客观的系统性理解。当我把上述想法告知冯维江并相约继续合作时，他欣然答应下来。从2018年起我们就开始收集资料，细化问题，提出猜想，并在去年草拟了一篇约3万字的初稿。我的基本想法是，中国改革开放取得的足以彪炳史册的经济成就，既体现了中国人民遵循人类经济发展一般规律和顺应世界历史潮流的精神，也体现了中国人民将自身独特性与历史机遇精彩结合的努力。恰如我前面谈论过的那样，所有经济增长的源泉只有一个，即劳动生产率的提高，后者又导因于技术进步和要素配置效率改进这两个可以相互独立的基本途径，而此两者出现的条件是存在保护财产权、尊重契约以及政府恰当、明智介入市场过程的制度安排；一旦上述几个相互关联的“要件”之间形成良性互动，再加上市场规模随之扩大这一派生结果的反作用，长期快速增长便会发生于一国历史的某一特定时期。

为了实现研究目标，首先要做的是尽力复原当时中国所处的国际国内环境，探寻促成改革开放决策一锤定音的多重元素。新中国成立近30年来的计划经济已经为中国积累起一定的物质基础或生产条件，如工农业生产体系。计划经济体制下的价格信号和激励制度扭曲之中蕴含着巨大的经济增长与发展能量，这意味着技术进步和配置效率的改进空间广阔。九亿多人口的中国既拥有数量庞大、成本低廉且受过一定教育的劳动力，又拥有至少是潜在的超级市场规模。长期相对封闭的中国蓄积了参与国际分工的巨额潜在贸易收益。短缺经济或强制储蓄暗含着新创企业或非正式部门的生存发展有较好的前景。通过财政投资吸纳城市新增就业人口无望，使得市场导向式改革成为经济绩效改善之基本路径。货币化程度甚低，为维持日后转轨期内的财政金融稳定提供了必要条件。“邓小平因素”发挥了奇特作用，因为他是党内威望极高且唯一曾经长期在欧洲工作、学习和生活过的领导人。经济改革和对外开放面对的政治掣肘极少且政局稳定，其基础在于“四人帮”倒台后民心思变、领导层思想统一。美苏“核恐怖和平”让世人特别是中国看到世界大战打不起来。苏联颓势在阿富汗战争中显露无遗，通过开放市场寻求中国支持成为美国在冷战进入决定性阶段时的战略选项之一。中国改革开放被西方接受并受到某种鼓励。中国参与国际分工进入国际市场对自身与世界均为互利共赢之举。“亚洲四小龙”的成功经验证明政策调整与结构改革在中短期内可见成效。为数众多的海外华侨华人可以在中国吸引外资过程中扮演主要投资来源之角色。正是在这些初始条件“集合”中，我们看到了构成中国改革开放之自身特色的基本元素。

我们相信，宏大的历史进程需要有宏大的原因和复杂的解释，其中包括引发相对重要性变化的多重原因，即哈佛大学历史学教授戴维·兰德斯在题为《历史中偶然性的作用空间：用小事件解释大变化》的著名演讲中所提及的“化合依赖性”与“现时依赖性”。所谓“化合依赖性”是指某一

（些）因素只有与其他因素发生化合反应时才会发挥作用，“现时依赖性”指的是某种（些）因素只有在其他因素出现时或出现后才会发挥作用。如果说历史可以被划分为“发生的历史”“可能的历史”“应该的历史”三种类型，那么我们力求论证的核心命题就是1978年出现于中国的改革开放具有上述三类历史的全部特征。前面已经提到过我未来学术生涯“三重目标”的之一、之二，“1978年的中国与世界”便是“三重目标”之三。受到小约翰·韦尔斯《1688年的全球史》一书的启发（类似的书还有不少），我们将这项合作研究定名为《1978年的中国与世界》。顺便提一句，韦尔斯在书中谈及，清王朝与沙俄签订《尼布楚条约》的主要意图之一在于缩压蒙古。意料之外又情理之中。

二　智力挑战与应战

可能许多职业研究者都有过类似的体验，即某项研究的深化来自反例或质疑。我曾把西方世界的兴起归结为由受惠于美洲财富而壮大的新兴商工集团所推动的制度变迁，后者又直接导致了工业革命。三年前，当我读到牛津大学罗伯特·艾伦的《全球经济史》后，便开始了对此命题的重新审视。在这本普及读物中，艾伦教授明确阐释了经济史的研究理念，即经济学家采取一种不考虑时间因素的经济发展理论来探究国富国穷之原因，而经济史学家则在历史变迁的动态发展过程中来寻找这一根本性问题的答案。他还提到，在1500年左右各国的贫富差距并不大，世界历史的转折点出现于1760—1850年，即所谓“工业革命”出现，英国借此开启了经济持续增长的新时代并在工业领域确立了优势。对我形成头脑风暴的是，他在此书，尤其在2009年的专著《近代英国工业革命揭秘：放眼全球的深度透视》（*The British Industrial Revolution in Global Perspective*）中详尽地论证了下述三个命题：对根本算不上一个“历史事件”的“工业革命”之理解必须有一个跨越数百年的眼光；它和技术创新可以说没有任何联系；它发生在英国的真正原因滥觞于英国独特的工资和价格结构。进一步的阅读让我更加感到震惊，那就是对“工业革命”的存在性的质疑。艾伦在其著作中已经表达过，虽然这一时期被普遍冠以“革命”之名，但它并非历史进程的突然变化，而是早期近代经济转变的必然结果。美国历史学会前会长乔伊斯·阿普尔比在其《无情的革命：资本主义的历史》中甚至提到了西方历史学界的一个笑话：只有最优秀的毕业生才会被告知“工业革命”纯属子虚乌有。在她看来，问题出在“革命”这个词上，因为按照人们通常的理解，“革命”含有戏剧性的变化和意外的意思。更符合实际情况的是“工业进化”（industrial evolution），即一段为了替代人们繁重工作而组合原有技术并改进机械设计的历史进程。

18世纪60年代，哈格里夫斯发明的珍妮纺纱机是第一台商业上成功的机器，紧随其后又是一系列纺织机的改进型面世。然而在艾伦看来，这些机器当中没有一台涉及伟大的科学发现或观念进步，无一例外地，它们是多年来的技术实践与可靠的设计相结合的产物。传统认知一般以为，蒸汽机是工业革命最具变革力的新技术。然而在艾伦等人的眼中，蒸汽动力不过是更早的科学革命的副产品。气压是17世纪物理学研究热点之一，伽利略、玻尔和惠更斯等都对此进行过研究。17世纪中期，惠更斯和格里克提出，如果气缸中出现真空环境，那么气压将把活塞推进气缸。1675年，法国人丹尼斯·帕潘利用这一设想制造出一个粗糙的蒸汽机原型。托马斯·纽科门于1712年制造出一台更为实用的发动机。它将水煮沸以得到蒸汽，后将蒸汽灌满气缸，再将冷水注入气缸使蒸汽凝结，由此气压将活塞压至气缸底部。气缸活塞与连杆相接，当活塞被压入气缸时，连杆就将抽水机的活塞提起。欧洲各国对发动机的科学原理都了如指掌，但最终是英国完成了蒸汽机的研发。因此，“工业革命”问题（由于此概念已经深入人心，故我在此仍使用它）便转化成另一个问题：为什么英国的发明家花费如此多的时间和金钱来进行研发以求让那些平淡无奇的想法能够用于实践？托马斯·爱迪生的名言“发明是1%的灵感加上99%的汗水”被认为恰恰适用于英国棉纺织业的发展。这其中的关键就在于，机器可以通过资本投入（即“汗水”）来减少劳动力。简言之，面对巨大的市场需求和根本无法在劳工成本上与印度竞争的纺织品，英国没有其他选择而只能尝试着打机械化的主意，再加上当时英国工资水平高，煤炭储量丰富、价格相对低廉，使得企业“就地改良”已有技术变得有利可图，并形成了“高工资—资本密集型生产—更高工资”的螺旋式发展轨迹。正是这一螺旋式发展轨迹解释了为何富裕国家的收入会一路攀升。

艾伦以英、法、荷、意四国为比照对象，用1300—1800年间的数字为依据进行模拟后发现：实际工资水平1450年在英、法、意几近相同，随后法、意一直下降并持续到1825年，而英国经历了1550—1650年间下降（仍比法意高约20%）后大幅上升，到1750年时为法、意的1.7倍，从而使得所谓的“马尔萨斯陷阱”理论失灵了。他还建立了一个联立方程组，对“工资水平”“城市化进程”“农业生产力水平”“原生型工业革命”这四组变量之间的联系展开分析，通过使用该模型还原当时的经济发展过程，试图破解为什么有些国家能够纵身踏上成功之路，而另外一些国家则只能甘拜下风之谜团。他发现在这500年间，引发经济变革的若干先导性驱动力包括人口增长、农业经营体制改革、技术创新、大型（殖民）帝国的建立，以及与之相伴的洲际贸易的发展、政治体制的变化、能源价格的变动。这些先导性驱动力均关系到城市化进程的推进、农业生产力水平的变化、原生型工业化的起步以及实际工资水平的涨落，进而彼此之间又产生了错综复杂的影响。逐个去掉相关要素后，同期城市化率、农业全要素生产率增速和实际工资水平的模拟结果显示：一是如果没有廉价煤炭、对外贸易和新兴毛料加工业，英国将与法、意等国毫无二致；二是18世纪英国最终确立了议会至上原则，但它对推动英国经济发展毫无助益；三是圈地运动对这一时期英国经济发展的贡献不值一提；四是英国新型毛料加工业在17世纪获得重大发展，生产力水平明显提高，对英国经济渐入佳境厥功至伟；五是17—18世纪英国煞费苦心建立起来的庞大殖民帝国在推动宗主国经济发展方面做出了应有贡献；六是廉价煤炭贡献巨大。进一步扩展阅读后我发现，艾伦并非在孤军作战，与他遥相呼应的学者包括撰写《现代经济增长的政治基础：1540—1800年的英格兰》的格雷戈里·克拉克，出版《自由与增长：1300—1750年欧洲国家与市场的兴起》一书的S.R.爱泼斯坦，以及发表《“光荣革命”对英国私人金融之影响：1680—1705年间微观史》的斯蒂芬·奎因。

即使不考虑主观意图如何，艾伦等人的论证，即“工业革命”出现的根本原因在于劳动力成本相对大幅度上升，使得具有廉价煤炭供应优势的英国重组和改良现有动力技术变得有利可图，对于制度经济学解释，即“工业革命”起因于英国内部诸如1688年“光荣革命”爆发等制度变迁，构成了直接且严峻的挑战。显而易见，无论是我们提出的“美洲金银论”，还是德隆·阿西莫格鲁等人主张的“大西洋贸易论”，它们最终都通过以限制王权和保障财产权的制度安排催生了“工业革命”，都在被矮化至少在被边缘化之列。面对学术同仁的挑战，一般有两种应对办法：迎接挑战并展开辩论，或不予理会并固执己见。阿西莫格鲁大体上属于后者。在2012年他和詹姆斯·罗宾逊合著的《国家为什么会失败：权力、繁荣与贫困的起源》一书中，他们严格依据经济学逻辑并旁征博引，最后可以说令人信服地证明了支持包容性经济增长的包容性政治经济制度安排乃持续繁荣的关键。我注意到他们并非对艾伦的著作视而不见，相反，他们还引用了艾伦在2009年出版的《近代英国工业革命揭秘：放眼全球的深度透视》一书中关于17世纪英国和意大利工人工资相差无几的结论，但对我在前文归纳的艾伦关于“工业革命”的论述却只字未提。尽管倾向于阿西莫格鲁的制度主义立场，但我还是决定在这类原则性问题上采取“鸵鸟对策”。2019年春节我和时红秀、赵柯就此问题展开了讨论，并开始收集整理相关文献，准备就此撰写一篇论文，也可能最终写成一本书。至于写作的目的：一是为了捍卫我三十多年来逐步形成的分析框架和认知理念；二是为了博采众长，将艾伦等经济史学家有价值的思想与方法吸收到自己的框架之中；三是为了回答劳工成本迅速上涨的中国是否将真正迎来科技创新时代这一重大问题；四是看看能否探索出一条弥合经济学和经济史之间认知分歧的路径。这也正是我打算尝试讲授“理论经济史”这门课的一个理由。

对“工业革命”议论纷纷的另一个维度，是对发生在15—16世纪英国及西北欧再加上美洲殖民地的需求增长或“消费革命”的研究。这一批经济史学家团结在“勤勉革命”（Industrious Revolution）的旗帜下，质疑“工业革命”一词的精准性和流行的起源机理。命名“勤勉革命”并将其作为“工业革命”的完善者或替代者的学者，是加州大学伯克利分校的经济史教授德·弗雷斯（Jan De Vries）。在其发表于1994年的《工业革命和勤勉革命》一文中，针对“工业革命”这一概念具有的诸多缺陷，弗雷斯别出心裁，把目光投向“以家庭为基础的资源再配置”，研究作为再生产单位的家庭，其内部劳动资源尤其是时间配置的改变，不仅增加了可在市场上交换的产品供给，而且扩大了对其他产品的市场需求。正是这种在家庭层次上的需求变化，孕育了以供给层面变化为特征的“工业革命”。尽管随后有人用经验数据试图证伪其陈述，但总体而言他提出的命题还是得到了至少是部分证实。也许更重要的是“勤勉革命”这一概念引起了牛津大学工业革命史权威罗伯特·艾伦等人的注意。后者和雅各布·韦斯多夫（Jacob Weisdorf）于2011年合作发表了题为《工业革命之前存在过一个“勤勉革命”吗？1300—1800年间英格兰的经验》的论文。在文中艾伦等用家庭获得“一篮子基本消费品”所需劳动时间的减少，来说明家庭成员拥有更多时间从事非基本消费品生产并通过市场交换以提高自身消费水平。研究显示，在农村没有“勤勉革命”迹象，但在城市支持“消费革命”存在的证据确凿。直到今天，这场争论还在继续。我之所以对这类研究感兴趣，原因主要有四个：一是围绕工业革命展开的长期增长研究在过去三十年间始终是我关心的基本问题之一；二是这类研究似乎否定或贬低了制度在经济增长过程中的作用以至于必须做出回应；三是他们提出问题的方式和使用的分析方法特别值得吸收借鉴；四是他们把侧重点置于消费或需求而非传统的生产或供给，从而为深入研究指明了一个新方向。

每每读到观点新颖犀利、方法独到巧妙的文献，我本能的反应都是如何将其精华部分注入自己的研究中。制度经济学在讨论制度变迁动因时通常会提及市场条件的变化，而变化出现的形式则集中于市场规模的扩展或萎缩以及与此相关联的相对价格的变化。尽管在原则上我对此有着明确的意识，但在具体分析过程中对市场条件变化的用心程度显著不足。在已经发表的《海外白银、初始制度与东方世界的停滞》一文中，我对市场需求变化，尤其是弗雷斯和艾伦等人关注的“消费革命”几乎没有触及。这也是我在将该论文拓展成书的过程中需要补充的内容。毋庸讳言，在书中加入对明末清初中国家庭劳动时间配置与“消费革命”存在与否的讨论，至少在内容丰富度上著作的质量会得到一定程度的提升，更何况做这样的补充性研究还可能有崭新的发现呢。我的初步猜想是：17—18世纪的中国家庭，为获得“一篮子基本消费品”往往会耗尽其劳动时间，同时在“天朝上国”心态主导下的对外贸易政策也极大地抑制了海外需求。阿兰·佩雷菲特在《停滞的帝国——两个世界的撞击》一书中对此有过惟妙惟肖的描述：英国人看到在中国，任何人除了做社会希望他们就地能做的事之外无法从事任何其他事情；接过马戛尔尼赠送的礼品地球仪后，乾隆回赠的礼品为精美的景泰蓝。在构思《1978年的中国与世界》一书时，我已经把中国近代史上最伟大的制度变迁之一的改革开放之市场条件变化植入了分析架构之中。在经历了二十余年表现为强制储蓄的短缺经济后，特别是目睹了发达国家的生活水准之后，中国人潜在且强烈的需求欲望以及吃苦耐劳的奋斗精神，一定在启动和加速改革开放进程中扮演了一个承上启下的关键角色。需要用事实证实的猜想是：1978年前后，中国人的劳动时间、工作时间会有非常明显的反差，市场化取向的改革无论在农村还是城市都和消费需求的快速增长形成了相互促进的良性循环。简言之，持续的短缺经济形成的巨大消费落差和中国人的勤劳智慧，作为因素之一促发了以工业化为特征的改革开放。

三 一致同意悖论

1993年我曾写过一篇短文，题目叫《一致同意悖论》，起因是我读到一则笑话，讲某一教会领导层商量建新教堂事宜。反复讨论后大家开始表决：一致同意建新教堂；一致同意在新教堂建好之前继续使用旧教堂；一致同意用旧教堂的砖石材料建新教堂。它的笑点在于大家一致同意的议案不可能同时被付诸行动。我之所以注意到这则笑话，是因为“一致同意”在公共选择理论中具有某种“至高无上”的地位，而且是整个理论体系自圆其说的逻辑起点。用詹姆斯·布坎南在《自由、市场与国家》一书中的话说，所谓公正或正义的规则就是参赛者的特殊地位被确认之前经由所有参赛者同意的规则。具体说这句话的含义包括公正的主观性，一致同意界定公正同时意味着帕累托最优，实现一致同意的前提在于所有参与者对自己及他人的优势一无所知（即所谓“无知之幕”）；更进一步的引申是规则重于结果，只要规则或程序合理合法并让大家认可，结果便无关紧要，经济学家的任务不是提出或评判政策，而是努力改进和改变规则。布坎南的“赞同先于公正（正义）”理念在一次性表决中可以成立，但在上述事例所展示的多次投票时就可能出现矛盾。这也是我将这种可能的矛盾冠以“一致同意悖论”的依据。当时到此为止的讨论后来在我1997年初去台湾地区访问时又复活了。在和台湾学者表面轻松暗中较劲的闲聊中，我听他们反复谈论一句岛上的流行语：“只要我愿意，有什么不可以。”我决定不再和他们打哑谜而是直接发问：假定所有在台中国人一致同意“独立”，那该如何？他们干脆地回答说那就该“独立”；假定台北人也一致同意“独立”呢？他们犹豫了一下回答说那也该让他们“独立”；假定台北郊区某一个村30户人家一致同意“独立”呢？他们迟疑了一下回答说没想过这个问题；我接着说，照此推理，一家四口人一致同意建立所谓“共和国”那也应该可以呀，他们一下子默不作声了。为了打破尴尬的局面，我补充说，这个问题极其复杂，涉及历史、民族、文化和情感等多种因素，远非逻辑推理或数字计算可以解决，因而轻言“愿意便可以”极可能引起不必要的误解，甚至引起严重后果。

1997年，张宇燕随全国青联代表团访问台湾中山大学

仅就理论而言至少对我自己来说，这次辩论从两个方面将“一致同意悖论”往前推进了：一致同意群体的边界到底如何划定；两个均一致同意但意见相左的群体谁的偏好优先。这两个问题的提出，实际上等于把“赞同先于正义”从象牙塔拉回到了现实：一方面补上了被布坎南“漏掉”的交易成本大于零的情形，另一方面是放松了布坎南“无知之幕”的严格假定。在一个交易成本为零的世界，以人口多少表现的国家或辖区规模在逻辑上完全可以根据一致同意原则

任意组合，即使与其他“一致同意体”偏好各异也可通过零成本谈判加以协调。一旦交易成本大于零，则成本高低便随即成为决定辖区规模的基本变量了，这时四口之家再要“独立”成国就是天方夜谭了，因为保护疆域、入境出境、贸易投资、立法执法等成本将近乎无穷大。和企业边界划定不同的是，国家规模不仅取决于交易成本大小，而且还受到许多非经济因素的制约，尽管它们当中的相当部分能够以交易成本形式加以计算。我曾想过借用科斯的企业理论或治理成本来解释国家规模，其中长城与400毫米等降水量线高度吻合（作为农耕文明和游牧文明分界线）便是一个强有力的证据。不过和我工作更直接相连的还是世界经济与政治问题，故我还是打算用布坎南和科斯的理论，特别是将其理论系统化和精确化了的威廉姆森的交易成本经济学，来分析区域合作的数量规模以及全球治理的边界。毋庸讳言，辖区关系或国际关系中的“无知之幕”只是一个假想状态，远非在摸牌之前选择玩何种游戏那样简单。当博弈参与者对各位玩家的优劣长短有所了解时，要想按什么规矩玩游戏达成共识难度倍增，因为在这一过程中，几乎所有涉及全球治理的规则都将带有非中性的性质，更何况这其中还有搭便车等集体行动难题呢。我们需要谨记：交易成本大于零意味着国际合作是有成本的，“无知之幕”拥有不同程度的“透明度”意味着各国达成共识的过程是艰辛的。

如果把经济学作为一种研究范式，那么它的边界在哪里？或者说，经济学不能做什么？丹尼尔·贝尔在《当代西方社会科学》中对社会科学极限的讨论在我看来完全适用于经济学。首先，一种经济理论或某一模型都是对现实的一种简化。从某种意义上讲，做不到百分之百反映现实本身就划定了经济学的解释边界，尽管做到这一点在我看来也没多大必要。其次，经济学考察的行为主体大多是以群组（比如消费者和厂商）而非以个人面貌出现的。就个人而言，每个人都是独特的。人的异质性构成了经济学和物理学或化学等研究同质元素的自然科学的本质差异。如果没有列宁的钢铁般的意志，“十月革命”很可能就不会发生或可能会以其他形式发生。再次，我们生活在一个复杂的、充满不确定性的世界之中，许多事情的出现都是随机的。超强计算能力和大数据处理技术的开发是否能够所向披靡地消除不确定性迄今仍无定论。概言之，经济学有极限源自它所研究的对象是一个高度复杂的系统，并表现为：行为人是异质的并且直接相互作用；行为人的相互作用和信息是局部的；行为人的行为由简单的“拇指规则”支配；该系统的总体行为不是“平均”的或代表性的行为人的行为；总体行为产生于个人之间的复杂的相互作用——此乃《帕尔格雷夫经济学大辞典》对复杂系统的定义。不过即便得不出放之四海而皆准的定理或定律，能够发现适用于“三海”或“两海”甚至“一海”的命题或理论，经济学家也算有所贡献。1971年，卡尔·多伊奇等人在《科学》上发表了《有利于社会科学重大进展的条件》的文章，在其列举的1900—1965年间62项社会科学进步中，与经济学有关的如下：凯恩斯的宏观经济学，熊彼特的创新理论，冯·诺依曼和摩根斯坦的博弈论，里昂惕夫的投入产出表，萨缪尔森等人的计量经济学，库兹涅茨等人的国民收入统计。在此所说的重大进展指：某一理论或一项发现说明了对某些关系的一种新理解；给出了具有“如果……那么……”式的可检验命题；产生了某种实质性影响从而引发对特定问题的进一步认识。

四 全球治理的政治经济学

全球挑战下应运而生的全球治理久已有之且于今弥迫，随着2008年全球金融危机爆发和20国集团财长与央行行长会议升格为G20首脑会议后，全球治理似乎一夜之间变成了“显学”，与之相关的文献如雨后春笋般涌现出来。文章读多了便会发现，由于全球问题种类众多，以致不同作者在论述特定议题时各自为战的情况居多。在课堂上和《国际经济政治学》书中，我曾有过搭建一个全球治理研究框架的念头，并且做了些许尝试，不过从需求的角度看已经是时候把此项研究提到议事日程上来了。其实搭建理论大厦所需的砖瓦早已基本具备，建筑蓝图也已经在我博士论文中基本成型，需要下功夫之处主要是运用方法论“七要素”将它们依据功能要求加以设计和组装。鉴于主权国家在全球治理中的主导作用，基本假定或分析前提便主要围绕国家来设立，如世界政府缺位、国家行为目标为国家利益最大化、以国家博弈者构成的“全球市场”失灵致使全球公共产品稀缺以及国家间共同利益和冲突利益并存等。构建理论大厦的砖瓦或部件的概念，包括全球公共产品、集体行动难题、博弈者特性与利益攸关度、治理非中性、治理形态、治理成本与治理收益、治理均衡，等等。有了基本假定和关键概念，全球治理理论的构建便水到渠成了，即用政治经济学将由概念表示的变量之间的关系整合成为一个逻辑自洽的系统。全球治理理论的核心问题是为解决全球问题提供找到最佳方案的路径，同时还要对一系列相关重要议题做出解释，比如全球治理的起源与演进，全球治理具有多种形态的机理，何为全球治理的理想形态并且如何实现之，全球治理研究与其他国际问题研究领域的边界如何划分，怎样评判不同治理形态的绩效，以及在推进全球治理改革进程中应该抱有什么样的价值取向。有了上述初步想法后，我和任琳博士开始了《全球治理：一个理论分析框架》的写作，并于2015年发表在清华大学《国际政治科学》杂志上。

虽说论文发表后听到了一些鼓励性的评价，但我们深知所提出的分析框架还很粗糙，需要进一步打磨的地方还很多。为了进一步理清思路，我于次年春又在欧洲一本英文

2009年，张宇燕（左一）与约瑟夫·奈合影

杂志《地平线》上发表了题为《理解全球治理》的文章。在我国2016年秋成功举办G20杭州峰会后，我开始和任琳商量将论文拓展成书的计划，目前书的初稿已接近完成。不过根据以往的经验，修改将会是一个漫长而艰苦的过程，当然这最终还是取决于自己有多少时间可以支配，以及在内容上是否要继续追加。自特朗普主政美国以来，中美关系发生了深刻质变，如何从理论上说明全球化时代大国博弈的性质与手段这一问题，猛然间就出现在我们面前。经济全球化的本质在于各国各地区间相互依存度的加速上升，表现为各种限制贸易与投资的壁垒被不断拆除或降低，实施手段是各种双边、诸边或多边的贸易投资和资本流动协定的签订或升级换代。协定或条约说穿了就是制度或秩序，如果制度的适用范围覆盖了全球所有或大多数国家，那便自然是全球治理。在一个国际分工和专业化达到有史以来最高水平、大国间相互依存高度不对称、具有非中性特质的全球治理之潜在收益巨大时，就势必会有国家或国家集团将全球治理当成做强做大自身、贬损打压对手的有效武器。企图用一套经过“改进”了的或新版的国际经济规则把中国锁定在全球价值链的中低端（即“规锁”），同时确保自己持久地享有高科技带来的丰厚利润与附带的安全，业已成为美国对华战略的主体部分。这是2018年我和冯维江在《清华金融评论》上发表的《中美贸易争端：从“接触”到“规锁”》一文的分析逻辑，并且也是我和任琳正在撰写的《全球治理的政治经济学分析》一书的重要组成部分。如果日趋白热化的国际规则制定权之争最后不欢而散，那么中美两国“脱钩”便会从议论

2016年，张宇燕旁听G20杭州峰会

变成一种现实可能，以经济一体化为标志的全球化就可能因平行体系的出现而寿终正寝。

2013年2月，应南极论坛之邀我参加了该论坛组织的预备会并有幸造访了南极。机会实在是难得，我临时抱佛脚用极短的时间恶补了一下有关这块我从未涉足、将来也不会再次身临其境的大陆的知识。南极给我留下深刻印象的，除了迤逦的自然景色外，还有它那让人不忍回望的历史。曾几何时，南极乃是人类展示自身对海洋动物之残暴的场所，是部分国家显示其对领土之贪婪的大陆，是各色资本对其丰富资源垂涎三尺的宝地。意味深长的是，随着1959年《南极条约》的签订，遵守该条约业已成为各国的行为准则之一，南极也真的成了全人类的一片净土，尽管最近二三十年受到气候变化日益严重的侵蚀。与之形成鲜明对照的是《联合国宪章》。从“二战”结束至今，世界上爆发了数十次违背《联合国宪章》精神的国家间战争。或得到恪守或遭到践踏，上述两个国际公约命运迥然不同的原因何在？从某种意义上讲，对此问题的充分合理的解答，等同于给出某种判定全球治理有效与否的条件。无论是在甲板上还是在船舱里，这一问题几乎一直伴随着我。静下来时我把初步推测的要点记录下来，并准备回到北京后进一步推敲整理。《南极条约》得以被尊重主要有以下原因：一是当年美苏两大集团势均力敌；二是世界主要国家的争霸点不在南极；三是从习惯上和法理上看美苏两国对南极主权的诉求依据不足；四是全球对潜在的“公地悲剧”的担忧；五是南极本身的经济价值相对下降；六是由于其独特的地理位置和气候条件使得违规不易且监督成本不高；七是有必要把记录了人类残暴行径的南极历史做一个了断。我开始也把《南极条约》奉为全球治理之圭臬，并期盼它成为人类走向合作的楷模。把各种推测写出来后，我发现它得到如此“尊贵”的待遇并取得成功的条件还是蛮苛刻的，让它承载起放之四海而皆准的重任难度甚大。也可能是因为这一推测性结论作祟，我就此写一篇论文的打算也就一直没有实现。但今天想来，特别是随着气候变化威胁日趋严重，这一课题做下去的价值也越来越大。

既然说到了南极之行，我就多说两句在穿梭于南极岛屿间游轮上读书的感受。离京前我几乎是随意地从书架上抽了一本英国作家阿兰·德波顿的《旅行的艺术》。如果不是因为长时间旅行，我可能永远都不会读它。虽说是机缘巧合，但阅读时发现此书很合口味。作者在书中让西方文化名人做导游，带领读者去体味旅游的精妙之处，体会那种由理性支配的积极生活带来的美好感受，并激励读者立即接受其引领。19世纪英国评论家和艺术家约翰·拉斯金（John Ruskin）是如此被提及的：他的大多数作品都围绕着一个主

2013年，张宇燕参加南极论坛

题，即如何拥有美景。他的建议（尽管有些绝对）平实中蕴含强大的冲击力：只有一种办法可以正确地拥有美，那就是通过理解美，通过使我们敏感于那些促成美的心理上的和视觉上的因素，而实现对美的拥有；拥有美的具体实现途径不外乎借助艺术，亦即借助绘画或书写亲自去描绘美，同时不顾及是否具有这样做的才华。照相机模糊了观看和注视之间、观看与拥有之间的区别，而绘画可以教会我们如何观察或关注。一份美在记忆中存留多久取决于我们用心领悟的程度，至于画什么，则尽可能任由拥有美的渴望来引导。写作其实就是用文字画画，用文字来深化我们对美的感受和巩固对美的印象。语言描绘的目的不仅是为了让场景看上去像什么，更重要的是使用心理学语言解析景物的内在力量。把无生命的景物当作生命加以描绘时，把有生命的动植物当作人的同类加以对待时，心理学意义上的价值或意境便显现出来了。感受美并有意识地通过绘画和书写把美表达出来，才是理解美、拥有美的最佳途径。仅就这一条建议，拉斯金和德波顿就特别值得感谢。他们所分享的不仅适用于如何“正确地拥有美”，也同样适用于学术研究，正所谓“写作（更一般地讲是表达）不仅是最好的学习，而且还是欣赏思想之美的最佳途径”。上段和本段的主体部分都是我七年前在南极时做的笔记。

捌

贯穿学术生涯的跨学科研究

一 历史哲学

集跨学科研究之大成者，历史也。上小学时我就酷爱看《三国演义》等历史名著的小人书版（1978年改革开放后我又收集了一些各出版社再版并新编的历史连环画书并一直保存到今天）。久而久之，读历史便成为我一生的嗜好。上研究生之前我读历史可以说是毫无章法漫无目的，任由兴趣牵引。大概在20世纪80年代中期，爱德华·卡尔的《历史是什么》进入我的视野，开始让我静下来思考这一看似普通但未曾认真想过的问题。就像同时期读的《科学究竟是什么》一样，卡尔的小册子仅凭题目就让我有了耳目一新的感觉。历史是曾经发生过的事实？究竟什么是事实？存在真实的事实吗？历史学家是记录者还是解读者？历史学家的职责是让事实说话还是利用事实来表达自我？历史演化有规律可循吗？人类历史是一个进步过程吗？这无疑是个可以不断延伸的问题链条。对历史之意义持质疑态度的卡尔·波普尔在《开放社会及其敌人》第二卷中指出，一切有关事实的科学描述都具有高度的选择性，每一代人都有权形成自己的解释。古斯塔夫·勒庞在《乌合之众：大众心理研究》中把话说得更绝对，他认为历史是对被观察有误的事实所做的无根据的记述，并且混杂着一些对思考结果的解释。但尽管如此，我至今依然总体上接受约瑟夫·熊彼特在其《经济分析史》第一卷开篇的说法：历史之重要性完全超越统计和理论，因为经济学的内容实际上仅是历史长河中的一个独特过程，历史提供了最好的方法让我们了解经济与非经济的事实如何联系，如果一个人不掌握历史事实，不具备适当的历史感或所谓历史经验，就不可能理解任何时代的经济现象，就会重复犯由于缺乏历史经验而犯过的根本性错误。《伯罗奔尼撒战争史》的作者修昔底德的历史观带来的冲击力更大：努力得到关于过去的正确认识并基于此预知未来，尽管未来不一定是过去的重演，但同过去总是很相似，其原因在于世事可变而人性很难改变。

以事实的真实性达不到至善至美水平为由来否定历史的价值，这在逻辑上不是完全没有瑕疵的：用“不真实的事实”，如何证明事实的“不真实”呢？对事实的挑选与记录过程会受到挑选者和记录者主观性的影响或干扰，此话正确，类似维尔纳·海森堡在《物理学与哲学》一书中所谈及的“测不准原理”，即观察者与被观察对象之间是某种相互作用的关系。贝奈戴托·克罗齐在《历史学的理论和实际》中反复强调的“每一部真正的历史都是当代史”这一命题，在本质上也与主观性相通。然而同样正确的是，“测不准原理”既没有阻挡住物理学前进的步伐，也没有遏止社会科学对人类自身的认知深化。在事实的真实性和完备性存在不足的情况下，什么又是历史学家的最佳研究策略呢？此刻出现的名字是也只能是罗宾·柯林武德和他的《历史的观念》。在这位以“一切历史都是思想史”而著称于世的历史哲学家看来，作为受限于时空的历史，其研究必须要有建构力量，亦即添改增删之作为，其中包括历史证据和历史想象，而后者则必须有特定的时间地点、符合当时背景的逻辑推理，并且有相关证据的支持。柯林武德指出，学习和研究历史不是为了接受权威结论，而是将各种学说作为证据而加以重新组织和推理，而“科学的”历史学家是那些总是在自觉或不自觉地提出问题和探寻答案的人，是那些每次提问时大都已经知道去哪里寻找证据的人，判断一位历史学家优劣高低的重要标准在于他（她）能否提出有价值的问题。我在此之所以如此仔细引述柯林武德的观点，旨在表明他对我产生的深刻影响。

说来可能有点离经叛道，历史令我着迷的另一个原因是历史可以“假设”。我第一次听说“非现实假定”是在罗伯特·福格尔1993年获诺贝尔经济学奖之时。记得消息公布没几天，《读书》杂志的贾宝兰女士就约我写一篇介绍福格尔的文章，还说找我写是因为福格尔和诺斯共同获奖，而我又非常熟悉诺斯的著作。硬着头皮接下稿约后，我开始搜寻福格尔的著述，如《铁路与美国经济增长》和《作为社会科学之工具的数学模型》。福格尔的思路是把原始数据重新组合成符合经济学定义的数据，之后使用数学工具建立起表述各种经济变量间相互关系的数学函数式，再将所得到的新数据代入其中进行检验并导出结论。一般认为，19世纪60年代贯通美国东西两岸的铁路建成对美国经济长期增长厥功至伟。然而福格尔的研究表明，假如没有洲际铁路美国经济总产出也会是19世纪90年代的水平。历史学的金科玉律在这里销声匿迹了。后来我发现，假设历史的历史学家不在少数。在孔华润（沃伦·科恩）主编的《剑桥美国对外关系史》第三卷中，美国历史学会前会长入江昭就曾“假设”了日本1941年冬不是南下与美国开战而是北上与希特勒成功夹击苏联的情景，因为那将使“战后的整个历史进程都将出现一个完全不同的形势”。1997年尼尔·弗格森甚至还主编了一本题为《未曾发生的历史》的书，其中的每一章都以“假如”为名：假如美国独立战争没有发生将会怎样？假如纳粹德国打败了苏联将会怎样？假如约翰·肯尼迪还活着将会怎样？……弗格森在序言中引用的刘易斯·纳米尔的句子或许恰当地给出了“反现实”研究的魅力或力量所在：历史研究的不朽成就就在于一种历史感，一种对于事物为什么不会发生的敏锐理解。对“反事实”命题研究的批评不绝于耳，福格尔的回答更是有备而来：假定性陈述乃历史学家论述中一个必不可少的特征，因为评价历史就意味着假设。这让我忆起罗伯特·弗罗斯特那首《未选择的路》诗中的句子：树林中岔开了两条路，我选择了较少人走过的那条，往后一切的不同均由此而生。

二 语言的力量

回想起来，我对语言文字的热爱与用心应该始于硕士论文的写作，因为那是我写的第一篇勉强可以称得上是学术论文的作品。尽管经济学变得日益数学化，甚至出现了没有数学表达式就算不得真正经济学的苗头，但在我看来，经济学作为社会科学的一个重要分支，其思想性内容终究还是要通过语言文字加以表达，尤其是当经济学家们还想对那些政治决策者施加影响的话。既然要用文字表达，表达方式的问题便被摆到桌面上来，更一般地讲，形式和内容便成为难以回避的一个问题。我最初关注此问题，是在读《庄子·齐物论》中“朝三暮四”这一成语故事的时候。庄子讲，一位养猴人宣布给每只猴子早上三个果子晚上四个果子，引得众猴不满，后改口说早上给四个晚上给三个，结果众猴大悦。最初学习这个成语时我把它当成笑话来读的，而且狭隘地将其理解为意志不坚定或见异思迁。但30岁再读它时，我发现庄子绝非随随便便写下这个故事的，而是要表达一个明确的意思，即对同一事实的不同表述有时会导致截然相反的结果。最后诱使我就此问题写一篇学术文章的，是我读到了1982年在《新英格兰医学杂志》上刊登的三位医生撰写的一篇报告。他们向两组肺恶性肿瘤患者分别提供放射疗法和手术疗法以往效果且内容一样的统计信息，区别仅在于形式，即5年内和5年以上的存活率和死亡率，并征求患者对未来治疗方式的意见。结果显示，两组病人因信息“形式”上的差异而对治疗方式的选择显著不同，出现了答案取决于如何提问的情况。医学有这样的事例，经济学应该更是如此，于是我写就了《表述方式、经济效应及其他》一文，并在其中尝试性地提出了一个与此类情形相关的概念：朝三暮四效应。

说服或宣传是经典的社会学问题。在《社会性动物》一书中，社会心理学家埃利奥特·阿伦森曾专辟一章讨论宣传和劝导，并总结出了改变或影响他人见解与态度的具体途径，包括唤起受众感性能力、与生动的个人经验相联系、同时展现正反面观点、巧妙设计观点呈现顺序等，给人感觉是：受认知支配的行为完全可以被他人通过表达加以塑造。当我读到约翰·托兰在《希特勒传：从乞丐到元首》一书中所描绘的后者演讲的巨大煽动性时，阿伦森的理论即刻得到了证实。这位演说奇才在谈到《凡尔赛和约》时讲道：如果德国人民明天仍然不得不像今天这样受难，那就让我们在“不行”声中受难，而不是在“可以”声中受难。读到这样的句子时，耳畔似乎立刻就响起了成千上万人的欢呼声。经济学同样遇到了这类问题，因为对特定政策或制度的理解和政策制定者的本意之间通常都存在偏差，不同行为体对同一市场信号的解读常常大相径庭，而造成偏差的根源之一即多样化的表述。某个权威机构在预测第二年经济形势时，说正增长的可能性为70%和出现衰退的概率有30%，市场的反应一定会有差别。点明这一现象并计划将来从更高层次理论上对它加以论述（如果能设计出测度这种偏差的方法则更好），是我30多年前把庄子讲的“人猴博弈”故事提炼为“朝三暮四效应”的一个重要原因。

形式有可能决定内容的情况在司法界同样存在。美国最高法院法官本杰明·卡多佐在其《法律的成长》一书中专门有一章谈“法律与文学”。在举出了大量法院判决时给出的“司法意见”事例后，这位大法官总结道：形式不只是附加于本质的醒目装饰，它们两者是凝结为一体的；从形式中诞生的力量，以及从形式匮乏中诞生的软弱，构成了本质的真实品质，它们使事务各得其所。他特别指出，司法意见若想有说服力，它要么得有真诚与热情这种令人钦佩的品质，要么得有对偶之类有助于记忆的力量，或是具有格言和警句的简洁与韵味。哲学家罗素在其《历史作为一种艺术》的演讲中，更是把历史学家的成功与否或总结出来的结论与规律是否令人信服，归结为文字表达功力之高下。其实罗素的这句话也特别适用于他本人，从某种意义上讲，罗素作品享誉世界恰是得益于与其所表达之思想相得益彰的流畅优美的文字。说到这里我又想到了法国作家维克多·雨果的《九三年》，其第三卷第一节之标题就叫“语言就是力量”。书中男主人公朗德纳克侯爵处死了犯了错的下属后只身一人赤手空拳地面对被处死者的弟弟，而后者发誓要为死去的哥哥报仇。在不停发问和慷慨激昂的陈述后，求饶的竟是那位一度有着充足理由复仇的水手。语言是思想的载体，简洁、准确、逻辑清晰、富于美感的语言，不仅救了侯爵的命，更让大文豪雨果喊出“语言就是力量”这一响亮口号。

与之类似且更具穿透力的话，出自《文心雕龙·论说》中论及毛遂自荐之处：一人之辩，重于九鼎之宝；三寸之舌，强于百万之师。《文心雕龙》我上大学时就翻过，当时因主业在学习了解不在文字表达上，故浅尝辄止。拥有多年写作经历后回过头来再读刘勰的作品，顿觉他讲的话几乎句句在理，许多好似就是对我讲的，比如“论如析薪，贵能破理”，又比如“义典则弘，文约为美”，还比如“志足而言文，情信而辞巧”。鉴于表述方式上的差异常常会对读者产生迥然不同的影响，鉴于凭借文字这一杠杆可以把普通的事物提升到思想的高度，即使不可能完全做到，重点突出、逻辑连贯、语义精准、文情并茂也一直是我多年来写作时追寻的目标。留意不同的或更具表现力的表达方式并随手记下来，也已成为自己阅读过程中的习惯性动作，并自感受益匪浅。久而久之，我也慢慢领悟到刘勰所说的“操千曲而后晓声，观千剑而后识器”之妙处所在。我甚至产生了一种幻想，有一天《文心雕龙》成为大中学校语文课的主要教学内容之一。

近年来经济学和国际问题研究中数学或定量分析的比重迅速上升，用那被称为“上帝的语言”的数学来描述或说明社会经济变量之间的精确关系并预测未来，应该讲是经济学家们的共同目标。然而，除了在博士论文中用到数学模型以说明制度功能，以及那篇数学证明部分完全由孙广振完成的论文之外，我的研究很少用到数学工具或使用数学语言。坦率讲，在这个问题上存在不少争议。在《自由、市场与国家》一书中，詹姆斯·布坎南对经济学的数学化大加挞伐，认为这样做的结果将使经济学成为没有终极目标或意义的“科学”，使经济学矮化为所使用的技术工具的俘虏，研究生院培养出来的都是些对经济过程一无所知的技术人员，后者在他们所敬畏的数学家那里根本得不到同等的尊重，布坎南同时对年轻人在人力资本投入上的资源错配深表惋惜。相对于言辞激烈、旗帜鲜明的布坎南，查尔斯·金德尔伯格的口吻则温和得多。在《疯狂、惊恐和崩溃：金融危机史》（第四版）中，金德尔伯格针对将其学术研究贬称为“文献经济学”的说法回应道，他的工作确实与数理经济学、计量经济学特别是计量历史学不同，但一个人只能做他力所能及的事情，并且以一流的或行家里手的技术去做这些事情；对于那些需要用数据进行标准时间序列分析的人来说，他们应该在历史统计中寻找答案；对于主题不是建立在数量的微小差别基础上的研究而言，使用数学或定量分析则成本大于收益。比较而言，在此问题上我的立场更接近金德尔伯格，做自己愿意做、擅长做的事情，并朝着过瘾的方向，尽力把它们做到极致。

三 值得深究的行为假定

说到行为假定，更进一步或更一般的问题是，甲为什么能够听得懂乙说的话？乙能够准确理解甲想表达的意思需要什么样的条件？这些问题与前面提及的“什么是历史事实”等问题，也恰恰是困扰路德维希·维特根斯坦一生的问题。为了回答这些问题，他写了《逻辑哲学论》和《哲学研究》这两本把哲学问题还原为语言问题、各自观点又严重对立的著作。他的主要观点，即语言乃人类思想的表达从而构成了人类文明的基础，故哲学的本质只能在语言中去寻找，这为20世纪整个西方哲学找到了新的方向。说到维特根斯坦哲学，中国人往往会情不自禁地记起《道德经》中的著名句子：道可道，非常道。尽管理解千差万别，但两位智者力图表达的意思至少在一点意义上是相似的，即他们都触及了文字表述与对语言的理解。一个从中派生出来的问题是，即便在人们交往过程中语言准确无误地传递了信息，但不同的人仍旧会做出各异反应。现实世界中此类情形俯拾皆是，典型的例子是在同一法律下总有守法者和违法者。至少在《人类行为的经济分析》一书中，加里·贝克尔认为这种现象完全可以通过个人对成本-收益的计算加以解释。为此，他还现身说法，以自己面对“两难”时所做选择为例：一是参加学生答辩会时把车停到办公楼旁或许会吃罚单但可按时抵达；二是把车泊在停车场虽不会被罚款但却会迟到。权衡再三后他决定把车停在办公楼旁。事后并未吃罚单的贝克尔终究是与众不同，竟根据自己的经历得出了“犯罪”实乃理性计算的结果这一重要命题。事情并未到此结束，因为它引出了经济学中最具根本性同时也是充满争议的一个问题：人是理性的吗？

“理性”在中文里是一个词，在英文里则是两个词：rationality和 reasoning。牛津大学出版的系列通识读物中有一本迈克尔·阿林厄姆写的小册子《选择理论》，书中对两者做了严格的区分，核心思想是前者侧重选择过程中的利益最大化，后者强调决策所依据的推理过程的无矛盾性。其实中文词“理性”把上述两层意思都包含在内了。然而问题在于，人们在选择过程中都是理性的吗？1952年法国经济学家莫里斯·阿莱做了一个著名实验后得出的“阿莱悖论”，对理性选择理论产生了颠覆性的影响。简单讲，实验结果显示，在一定条件下，当面对预期收益时人们对确定性的偏好优先于对预期收益量的偏好。现在有两种选择：一是100%的概率得到10元钱；二是50%的概率得到20元钱，另50%的概率1分钱也得不到。实验结果显示，人们大多选择前者，尽管两种选项的预期收益一致。这个实验结果被称为“悖论”的原因在于它与经济学的“独立性公理”相矛盾：偏好不受由概率所产生的结果值的影响。接下来便是一批天才经济学家和心理学家加入了解释“阿莱悖论”的队伍中，其中最著名的要数丹尼尔·卡尼曼。他先是和他的合作者阿莫斯·特沃斯基一道解释“阿莱悖论”，后是通过对无意识的“系统1”直觉判断和有意识的“系统2”理性判断的区分和比较，最终不仅成功解释了“阿莱悖论”，更是把经济学中关于理性的理解往前推进了一大步。在《思考，快与慢》一书中，卡尼曼所总结的“系统1”容易导致的认知谬误堪称经典，比如人们往往执着于“眼见为实”，常常“以偏概全”，易受“光环效应”误导，面对收益时厌恶风险而面对损失时则偏爱风险，不自觉地给予最初或原始信息更多关注的“锚定效应”，等等。

其实明眼人一看便知，“阿莱悖论”不过是“朝三暮四效应”的现代翻版。三十年前我关注“朝三暮四效应”现象的时候，还没有听说过阿莱和卡尼曼等人的名字，只是凭直觉意识到理性问题很可能扮演着整个经济学乃至社会科学大厦地基的角色。我的体会是，有些问题属于这样一类问题：想过和没想过可能有本质区别，想通或没想通倒在其次。关于理性问题还可以再补充两点。在理查德·斯威德伯格主编的《经济学与社会学》一书中，罗伯特·索洛特别就“理性经济人”假定受到世人普遍批评做出过精彩的回应。在他看来，“经济人”不是一个心理学概念上的人，而是一个社会学概念上的人；说“经济人”是一个站得住脚的概念，不是因为人生来就是生理学意义上的人，而是因为社会规范鼓励人们按照“经济人”的思维方式去行动。在《经济学家之经济学家：与诺贝尔奖获得者和候选者的对话》一书中载有对博弈论大咖罗伯特·奥曼长达四万多字的采访。对卡尼曼等人通过实验心理学研究得出的结论，奥曼坦率地表达了自己的看法，大意是那种通过几次试验就得出人类行为有时是非理性的结论是欠考虑的，因为人类行为是在时间中、在一个学习过程中不断发生的，因而谈论人的理性时我们只能将其视为“过程理性”，简单说就是理性只有在人们反复试错和不断改进的选择过程中才能显露并被理解。从心理学的角度看是一回事，从社会学的角度看又是另一回事，而且都有一定的道理。这不由得让我想起前面提到的爱德华·卡尔举的那个例子，这大概也是所有社会科学面临的一个共同挑战。在这篇访谈中，奥曼还讲了一句对我们这些社会科学研究从业人员均有助益的话：社会科学研究寻求的不是真理，而是一种对世界的理解。

四　时间之矢

我最初注意“时间”这个概念，还是20世纪80年代末读布莱恩·麦基编的《思想家：当代哲学的创造者们》一书。在他访谈的15位哲学家中第一位便是以赛亚·伯林，后者给哲学下的“定义”我仍记忆犹新：哲学就是研究那些一经提出却不知道去哪里寻找标准答案的问题之学问（大意）。伯林列举的例子之一就是时间：孩子问父亲为什么不能到“以前”去见拿破仑。时间问题不仅在哲学中占据一席之地，在经济学中亦是如此。完全是出于兴趣与好奇，1993年我多少有点不知天高地厚地写了一篇题为《经济学中的时间》的文章，谈及了马克思对英国庸俗经济学家的“新酒陈酒”论的批判、庞巴维克的“时差利息论”、各种经济周期理论以及加里·贝克尔的“时间价值”等，并对阿尔弗雷德·马歇尔在《经济学原理》中说的话有了一些初步体会：时间这个要素几乎是每一个经济学问题中主要困难的核心。随着阅读量的增长，我逐渐意识到时间问题实乃“大题目”，没有深厚积淀就妄加评论无异于“现拙”。不过话又说回来，如果不是因为无知胆大写了那篇文章，我恐怕也不会对时间问题如此敏感，因为别的不说，仅就时间长短划分而言，至少对经济学从业者而言便极具重要性。据我所知，最早将经济学中的时间明确区分为“短期”和“长期”的是马歇尔。将时间尤其是短期提升到方法论或认识论高度的是他的得意学生凯恩斯。在写于1923年的《货币改革论》一书中凯恩斯说出了那句广为流传的名句：长期是对当前事务的错误指导，从长期看我们都已经死了。暴风雨来临之际如果经济学家只能告诉世人暴风雨过后大海将恢复平静，那么经济学家的任务也太简单轻松了，因为此时此刻最需要的是指导政策制定者度过暴风雨季。在凯恩斯看来，如果个人没有理由相信今天的状况会有不好的长期结果，那么他们把短期利益最大化作为目标就是合理的，而为了将来未知的好处去牺牲当前的利益很少是值得的。话说到此我有一种感觉：对长期或短期的偏爱可能具有某种根本性。

和注重短期分析的英国经济学家不同，欧洲大陆的经济学家更看重长期，准确说更加偏爱经济发展的长期模型，当然不排除德国历史学派这样的例外。就此问题我还特意和我的哲学家好友赵汀阳研究员交流过看法。他告诉我，在哲学上，也确实存在着英式的“短视的”经验主义和法德式的“好高骛远”的理想主义之争，而且他们一直没有分出胜负来。他补充说他同时有条件地同意这两种“主义”，理想要有但只选取有实际可能的部分，即“不完美理想主义”。总体而言，我们的看法接近但亦有所不同。汀阳坚持的是在结构上“择优”，我的倾向是更侧重长期。显然我的这一立场并不能够给“时期偏好”问题画上句号，因为无法回避的问题明摆在眼前：多长算短期或多久算长期？其实这也是一直困扰我的问题，感觉好像知道，当真要表述时却又不知从何说起。看来到了请历史学家或经济史学家出场的时候了。费尔南·布罗代尔在《资本主义论丛》一书中（在别处也多次提到），将历史划分为长时段、中时段和短时段，并以此作为解释工具来明确各种物质与非物质因素对于历史发展的不同作用。与三个时段相对应的三个概念分别为“结构”“局势”“事件”。所谓“结构”，是指长期不变或变化十分缓慢的，但往往对历史起深刻作用的一些因素，如地理、气候、生态环境、社会组织和思想传统等。在“结构”这一时间维度里，历史几乎是宿命的。所谓“局势”，是指在几十年甚至一两百年内形成周期和节奏的一些对历史起重要作用的现象，如人口、物价、产出、工资等因素的变化。所谓“事件”，是指一些突发事变，如革命、条约、地震等，布罗代尔认为这些“事件”如同闪光的尘埃般转瞬即逝，对整个历史进程只起微小的作用。作为一个参照系，布罗代尔所谈的“事件”大体上属于短期，“结构”对应的大致为“长期”，“局势”则要具体分析后才好归类。当然三者不是一成不变的，比如革命“事件”就可能改变社会组织“结构”。志存高远的同时又脚踏实地，其间的把握常常是存乎一心。

人们注重时间，一方面是想弄清楚我们何以至此，另一方面是思索我们将去向何方。说到未来，就自然联想到预测。成功预测从某种意义上讲是经济学家的梦想。米尔顿·弗里德曼在他那篇著名的《实证经济学方法论》论文中，特别强调了对理论加以检验的核心作用，而评判一个理论或模型优劣的标准就在于预测的准确性。他甚至还不无极端地把经济学区分为“好的经济学”和“坏的经济学”，判定标准即为能否准确预测。然而，如果真要说经济学家在预测上的表现，那可真是没有什么值得夸耀的。我听到一种半开玩笑半认真的说法，即经济学家所做预测的准确率仅有2%。1973年，保罗·萨缪尔森在其《经济学》第九版中曾预言，尽管当时苏联的人均收入只有美国的一半，但建立在中央计划之上的优越体制将使苏联以更快的速度增长，并最早在1990年、最迟在2015年赶上美国。由此可见，即便是绝顶聪明的人，对未来做预测时也必须慎之又慎。由于研究世界经济，我工作的一部分内容就包括对全球增长的预测，所以对准确预测的难度算是深有体会，同时对那些具有远见卓识者敬佩至极。经济学家在预测上的“屡败屡战”作为一种现象，其存在的基本原因来自需求，具体说需求又可以分成以下两种：其一，政府或企业在做出决策前需要以预测作为依据，这时的预测成为决策者未来行动方案中的必备部分；其二，决策者有时也需要多种预测并存以便分担决策失误的责任，在这种情况下各种预测扮演的角色主要是为决策者所倾向的方案提供支持。从供给的角度看，预测者的目的除了满足需求或完成任务之外，还在于据此影响决策者或市场预期。2008年金融危机爆发以来，国际货币基金组织每年10月发布的《世界经济展望报告》对下一年全球增长的预测数比实际数值年平均高0.4个百分点。对此，我一直怀疑是否有人故意为之，以求收到“预期自我实现”之功效。我在这里说这么多无非是想表明，预测远比一般人想象的要复杂，而比较靠谱的预测应该是那些基于对人性准确理解而做出的预测。

对个人而言，时间属于最为稀缺的资源。对文字工作者而言，更需要有效配置时间，因为从一定意义上讲，学术成果都是用时间堆出来的。在与记者兼作家普利奥尼·门多萨的对话集《番石榴飘香》中，哥伦比亚作家加西亚·马尔克斯谈到了小说《百年孤独》的写作过程：连续550天，每天从上午9点写到下午3点，雷打不动，以致最后一天上午11点完稿之后竟陷入了不知如何打发掉余下的四小时的窘境。在感慨马尔克斯的执着与坚韧的同时，我也由衷地羡慕他。回顾自己进入社科院至今的34年，像马尔克斯那样全身心且长时间地投入写作，即便是在研究者岗位上，也从未有过。至于原因，主要在“忙”，忙于各种与学术研究（至少表面上）关联度不高的事务。在《世说新语·贤媛第十九》中，王江州夫人见到谢玄后问道：“汝何以都不复进？为是尘务经心，天分有限？”我大致相信，不少读书人看到谢玄之姊这一“天问”时多半会反省自身，在学识与格局达到某一层次后停滞徘徊，多少为尘俗事务所累，多少受天资极限所囿，包括我自己在内的研究人员也会不时抱怨沉重的行政负担。当六年前读到历史学家伊恩·莫里斯在《西方将主宰多久》一书中写下的句子时，我亦进行了反思。他说表现为担任各种委员会成员的“行政负担”，恰恰是让自己从狭窄天地走出来了解外界的绝佳途径。留心处处皆学问，对此我也是感同身受的。看来一切都要以辩证的眼光去分析。接下来的问题是：在天分和必负责任给定的情况下，如何最大化“复进”时间配置。

时间问题并非仅仅涉及长短和配置稀缺资源两方面。在2004年出版的《时间中的政治：历史、制度与社会分析》一书中，普林斯顿大学保罗·皮尔逊教授突出了时间在社会科学研究架构中的极端重要性，喊出研究者既要对“What”（是什么）倾注心血，更要对 “When”（什么时候）了然于胸的口号。极富启发性的是，他罗列出了和时间有关的几乎所有基础性概念：路径依赖、关键节点、顺序（同时或错时发生）、事件、持续时长、时机、非有意后果，等等。其中，不同事件发生的顺序举足轻重。按照皮尔逊的理解，顺序的重要性主要表现在先发事件会导致正反馈或自我强化机制，从而决定事态发展路径或历史进程。考虑到真实的社会过程均发生于特定的时间维度之中，不涉及时间或先后顺序的变量间因果分析，不是漏洞百出就是缺陷遍布。忽略两个或多个事件同时或错时发生之后果可能差之千里，而只是把时间以分期形式引入模型，这样的努力貌似是动态分析实则是静态分析。皮尔逊看重“非资源性”时间并系统论述其功能难能可贵，同时其“时间命题”在中国改革开放大放异彩的进程中可以得到直接印证：先农村后城市、先放小后改大、先让部分人富起来后求共同富裕，不一而足。当然，皮尔逊的“时间命题”远非尽善尽美，我觉得至少可以在时间分析的框架中加上“速度”这一维度。当现状和目标之间的距离确定后，时间便可以由速度加以测量。中国的渐进式改革和苏联的休克疗法式改革之间的强烈反差，便可作为一个经典事例。此外，在关注“是什么”和“什么时候”之外，我们断然不可漠视“Where”（在哪里）和“Who”（谁），前者指的是和时间相对应的空间，亦即广义的环境，后者指的是谁在决定性地行使权力并针对谁。换言之，更宏观地看，时间也仅是我们观察和理解世界一个必不可少的维度。罗贯中在《三国演义》里绘声绘色地描述的诸葛亮“密书”，即“欲破曹公，宜用火攻，万事俱备，只欠东风”，既涵盖顺序（风与火）和时机（刮东风），也涉及打击手段（火攻），还关乎作战环境或条件（万事俱备），更注重交战主体（孙刘联军对曹操）。

五　道义与信仰

虽说经常在不同的书籍中读到不少关于道德哲学或伦理学的内容，但我第一次接触职业道德哲学家的文字，还是

1990年前后通过布莱恩·麦基编的《思想家》一书。从牛津大学道德哲学教授R. M. 爱尔那里，我了解到，伦理学的基本问题在于“如何从‘是什么’过渡到‘应该’”（至少在爱尔看来）。面对所有人都认定并接受的“事实”，人们在“应该怎么办”问题上一定会达成共识吗？爱尔的回答简洁明确：我们无法从“是”推出“应该”。这一令人深思的结论让我一下子想起了卡尔在《历史是什么？》那本书中举的一个例子：在一个下着小雨的傍晚，微醺的史密斯开着修理厂为了利润而偷工减料并谎称修好了的车上了路，结果在一处由于路灯坏了而迟迟未得到更换的黑暗路段，撞死了急匆匆到街对面商铺买烟的琼斯。卡尔提的问题是：琼斯的死因是什么？尽管事实清楚，但答案却很可能因为立场不同而迥异。如果你反对酗酒，你会说他死于酒驾；如你讨厌抽烟，你会说他亡于烟瘾；如你是官僚主义的批评者，你会说政府的不作为是凶手；如你是资本主义的鞭挞者，你会说资本家的贪婪害人；如你是宿命论者，你会说一切都是命中注定。面对“答案取决于立场”这一情形，我们又能说谁的答案错呢？这除了告诫我们对待不同意见时要保持宽容的心态外，我还是不知道判断“应该”的一般原则。这便是我后来断断续续用了两年时间读伊曼努尔·康德的《道德形而上学原理》的主因。康德给出的道德之“定言命令”，即我们应该为服从而服从的“心中的道德”是：“除非我愿意我的准则也变成一条普遍规律，否则我不应行为。”当一个人产生偷窃的念头时，会发自内心地愿意看到“偷窃合理合情”同时也是其他所有人信奉的原则，那么此时偷窃行为就是道德的。然而这在逻辑上是不成立的，因为在一个视偷窃为合理合法的世界里不可能有创造或生产。在此，康德把道德的基础建立在人心和一致同意的基础上了。

当年博士论文一完成我马上就给自己在“思想上”放了个假，说白了就是让自己不囿于博士论文，而是信马由缰地读书写作，后来发表的文章中便有一篇题为《经济学与道德行为：为什么盗窃行为不道德》的文章。我当时的想法很单纯，无非是沿着加里·贝克尔开辟的“经济学帝国主义”道路和理查德·波斯纳在《法律的经济分析》一书中所遵循的原则，以梁上君子为主角来讨论偷窃给资源配置效率造成的损害。随着相关文献的阅读增多、思考深入，我发现这类问题不仅涉及法学、伦理学和经济学，还涉及社会学和政治学，甚至文学。纪昀的《阅微草堂笔记》是我经常翻看的“消遣”书，他在《笔记·槐西杂志一》中讲了一个意味深长的故事，说他晚上散步时邂逅了两个在阴曹地府人手不足时常被叫去帮忙的人，于是充满好奇心的纪昀问他们：“冥司”判案依据的究竟是儒家的理还是释家的理呢？他得到的答案是：“无须问此，只须问心，问心无愧，即阴律所谓善，问心有愧，即阴律所谓恶。”听罢，纪昀思忖：“其说平易，绝非巫士所言。”看到这样精彩的笔记不能不让人想起康德那“心中的道德”，随后我很快就写了《纪昀与康德》一文。4年后即2008年夏，我决定沿着经济学思维对纠缠我多年的道德问题做一个了断，于是便有了短文《帕累托原则中的人生哲学》。在该文中我把人之行为后果区分为几种情境，分别是利人利己、利人不损己、利己不损人、不利人不利己、损人利己、损己利人、损人损己。力求表达的中心思想是“不利人不利己”（等同于“不损人不损己”）为道德与不道德的基准线，等价于帕累托最优状态，在其上的事如果不做则不道德，在其下的事做了则不道德。后来我发现，许多事都是千丝万缕相互联系的。几年后当读到赵汀阳在《坏世界研究》和《天下的当代性》中谈论“孔子改进”时，我马上就和他进行了密集交流并对该范畴大加赞赏且将其广泛传播。《论语》有言，“己欲立而立人，己欲达而达人”，亦即“孔子改进”。和“无人受损时至少一人获益”式的“帕累托改进”相比，其层次更高，包容性也更强，当然，实现的条件也更苛刻。

多年前在访问以色列期间，我同一些大学教授和智库专家进行了交流，其中一个话题就是宗教在国际关系中的作用，他们在言谈话语中反复暗示的一点是，鉴于绝大多数中国学者不是特定宗教的信仰者，因而经常会对笃信宗教的中东国家做出误判，误以为他们的行为“非理性”甚至“疯狂”。这次访问促使我重新去思考宗教、族群和国际政治之间的关系问题。我最早关注宗教问题还是30多年前读马克斯·韦伯《新教伦理与资本主义精神》的时候。他关于加尔文教派倡导“通过世俗富裕生活来荣耀上帝并成为上帝选民”与资本主义在欧洲兴起之间密切联系的雄辩论证，当时着实让我感到震撼。于是我们开始留意信仰问题，特别是那些叱咤风云者或人间翘楚们如何看待宗教或理解上帝。爱因斯坦在《我的世界观》一书中谈到其宗教信仰时写道：我们认识到有某种东西是我们无法洞察到的，只能以某种最原始的形式才能把握那最深奥的理性和最灿烂的美，而正是这种认识和情感构成了真正的宗教情怀。从这个意义上讲，也只有从这个意义上讲，他才是一个具有深沉的宗教情怀的人。在《和平、人生与哲学》这本与池田大作的对话录中，亨利·基辛格谈了他的宗教观：如果说宗教信仰意味着无条件地接受一种宗教仪式和教义，那他认为他没有宗教信仰；但是他又确实相信人类对宇宙的认识能力极其有限，也相信存在着人类无法理解的各种力量，还相信有些力量在本质上是不可知的，因此人类需要经常怀有敬畏之心和谦虚的态度，需要像斯宾诺莎所说的那样把我们拥有的关于世界的知识升华为对神的知性的爱；如果没有这种敬畏之心，那么对国家权力的行使就会失去控制，工业社会就将失去凝聚力，人的个性也将不可能真正地得以发挥。也正是基于这种敬畏之心，哈罗德·伯尔曼在《法律与宗教》一书中仅论证一句话：法律必须被信仰，否则它将形同虚设。相对于那些极端表述，我倒是更倾向于爱因斯坦等人的看法，当然，这很可能无助于消除以色列教授表示出来的忧虑。

玖

跨度较长的学术思考：探源制度经济学展望未来研究

一 社会科学"元"问题

社会科学如果有"元"问题的话，那就是合作问题，正如马克思与恩格斯在《德意志意识形态》中所明确指出的那样："社会关系的含义是指许多人的合作。"我最早意识到这一带有本源性的合作问题大约是在20世纪80年代末。当时我提的问题是：为什么会出现"三个和尚没水吃"和"三个臭皮匠顶个诸葛亮"的现象。显而易见，前一种现象讲的是不合作带来的福利损失，后一种现象说的是合作产生的福利改进。为了化解心中的谜团，我运用了"搭便车""交易成本""外部性""一次或多次博弈""规模收益"等概念，着重对第一种现象进行了分析（其实两者本质上是同一个问题），并自认为找到了一个至少是可以自我说服的解释。这项今天看来十分初步的研究于1989年以《经济学与常识：从"三个和尚没水吃"谈起》为题刊出。一年后进入博士论文写作期，我精读了奥尔森的《集体行动的逻辑》和阿克塞尔罗德的《合作的进化》，再后来又读了谢林的著作《冲突的战略》及一些涉及人类理性和决策论方面的文献，对此问题的认识可以说深入了一大步。我关注合作的理由极为简单，因为制度，习惯也好规则也罢，说到底无非是鼓励合作或惩罚不合作的群体共识和集体安排，以求在经济上实现分工与专业化带来的福利改进和市场规模扩大带来的包括规模收益在内的贸易收益。在此我特别想说的是，我和同事孙杰研究员曾经有过关于合作的多次深入交流。5年前孙杰正在埋头写他的专著《合作与不对称合作：理解国际经济与国际关系》，对基础理论问题的爱好以及将其运用于现实国际关系分析的实践让我们有了许多共同语言，辩论的话题包括合作最初的起源，有无纯粹的利他行为，“强互惠者”和理查德·道金斯在《自私的基因》一书中的原创概念“拟子”（即与生物基因对应的“文化基因”）之间的可比性，如何理解亚里士多德所讲的“选择就是深思熟虑的欲望”，以及微观理论“宏观运用”的条件，等等。思想交锋很像自由贸易，即使在一些问题上达不成一致意见，结果也往往是各有所获。遗憾的是类似的学术交流并不总是会有。

在强调博弈论在国际问题研究中的地位的同时，更进一步的分析也需要跟进，至少要做到心中有数。比博弈论更为基础的，至少在我的认知范围内，还是与人“理性”相关的人类行为问题，比如前面提到的“谢林问题”和“奥尔森问题”：人们为什么形成集体行动？人为什么遵守规则？尽管从个人间合作与竞争过渡到国家间合作与竞争尚需许多环节或步骤，但对微观人类行为的观察与总结，应该还是宏观行为或国家间博弈的基础。进入新世纪，制度经济学的新近发展之一，体现在对制度起源研究的微观分析，其代表作之一即为萨缪·鲍尔斯在2005年出版的《微观经济学：行为，制度和演化》。在本书出版的前一年，鲍尔斯和赫伯特·金迪斯合作在《理论人口生态学》杂志上发表的《强互惠的演化：异质人群中的合作》一文，可以说是开启微观演化制度经济学研究的扛鼎之作，把诺斯、谢林和奥尔森甚至阿克塞尔罗德和奥曼的研究从不同方向往前推进了一步。

在文中，他们提的问题依旧是自然界中人类之间合作的程度首屈一指，究竟起因何在，但他们另辟蹊径给出的答案却让人为之一振：无论是在现实社会中还是在行为学实验中，总有一些人为了维持高水平合作而对其他人实行具有利他主义性质的奖惩。在其“强互惠”合作与奖惩模型中——群体中的每个人都能从遵守社会文化规范（制度）中获益——有三类人：“强互惠者”，即那些不仅自己恪守规矩而且还付出成本对那些不守规矩只图占便宜者进行惩罚的人；“自私个体”，即那些受到“强互惠者”惩罚的人（英文sanction或sanctioning，主要指“大棒”但有时又带有“胡萝卜”的意思，即威逼利诱）；“合作者”介于“强互惠者”和“自私个体”之间，指的是那些循规蹈矩、不愿付出成本去惩罚“自私个体”、在没有惩罚威胁时会见缝插针“搭便车”的人。正是由于“强互惠者”的存在以及三者之间比例的动态平衡，制度演化理论的主干便确立起来了。

提及它们的另一个原因在于我目前所做的一项研究就直接和它们相关。鲍尔斯等人的模型建立在对人进行的三类划分基础上，即“强互惠者”“合作者”和“自私个体”，而这三类人和儒家经典中谈及的“志士仁人”“君子”和“小人”几乎可以对号入座。《论语》中孔子有言：“志士仁人，无求生以害仁，有杀身以成仁。”曾参亦有言：“士不可以不弘毅，任重而道远。仁以为己任，不亦重乎？死而后已，不亦远乎？”从这两句话中我们不难看到，所谓“士”即为典型的“强互惠者”甚至是“超强互惠者”。关于“君子”与其对立面“小人”，《论语》中出现多次，择其要点有："君子喻于义""君子坦荡荡""君子求诸己""君子成人之美，不成人之恶""君子不器""君子怀刑""君子约之以礼""君子有三畏：畏天命，畏大人，畏圣人之言"，且能够"己所不欲，勿施于人"。尽管对"君子"品行的要求有些接近"强互惠者"，但总体看"君子"更多的是一个有敬畏之心、遵从道德规范和礼仪定式、在不损害自身利益前提下乐于帮助他人、不愿平白无故占别人便宜或被别人占便宜的人。"小人"均反是，他们是彻头彻尾的机会主义者，其道德底线具有高度伸缩性，损人利己甚至损人不利己的事偶尔也会干，不过总体而言他们不属于恶人，与那些丧尽天良、被孔子称为"乡愿"的极端"自私个体"还是有区别的。无论是"志士仁人"还是"君子"，他们捍卫或遵从或向往的都是"礼"和"仁"，前者主要是指能够让所有人福利得到改善的社会规范或等级结构，后者主要是指把"礼"内生为"习惯"或"自觉"，变成一种特殊情感，一如李泽厚在《中国古代思想史论》中所说：孔子以"仁"释"礼"，将社会外在规范化为个体的内在自觉。这样一来，"仁"就与奥曼在《规则理性和行动理性》一文中所说的"规则理性"非常近似了：个体无意识地接受和遵从使自己在平均意义上受益的规则或合作机制。以上就是我和牛贺博士目前正在合作的论文《制度经济学与儒家经典的"合作"》的中心思想。

2006年，德国经济学家Ozgur Gurerk、Bernd Irlenbusch和Bettina Rockenbach在《科学》杂志上发表《奖惩制度的竞争优势》一文，公布了他们通过苦心孤诣设计的实验而得出的结果。在由84名大学本科生参加的多达30轮的博弈实验中，每位实验参与者在有奖惩制度组或无奖惩制度组中任选一组，然后自己决定是否做合作者或互惠者，即用平均分配得来的财富（一定货币单位）对那些（不）为集体公共产品做贡献者进行（惩罚）奖励。如果你拿出所拥财富的75%以上用于奖惩支出，你就是“强互惠者”，具体比例是你奖励（惩罚）他人1单位财富时被奖励（惩罚）者得1单位（失3单位）财富，同时你的总财富被扣除1单位，整个群组增加1.6单位财富；如果你一毛不拔，你就是“搭便车者”并面临受罚风险，“收益”是不支出并且在每轮博弈后与其他组员平分全组财富；每一轮博弈都是独立的，亦即每位参与者每轮都可以挑选组别。此项实验结果证明：与无奖惩制度组相比，有奖惩制度的“实验组”具有显著的竞争优势，并以不同组别个人平均财富量之间的巨大差距表现出来。三位德国经济学家所做的实验，其理论源头还可以再往前追溯。在1997年出版的《合作的复杂性：基于参与者竞争与合作的模型》一书中，阿克塞尔罗德迈开了自我超越的步伐，把两个人的囚徒困境扩展为几个人，进而去探究维持多人间合作的手段问题。更进一步的问题是，社会规范滥觞于何处。在这里，我们的眼前又出现了斯密和奥尔森的巨大身影。正所谓阳光之下无罕事啊。

我在此较为详尽地提及该文以及首创计算机模拟博弈的阿克塞尔罗德，原因之一在于，对于那种通过实验或模拟来证实或证伪某一社会科学命题的学问我一直将信将疑，这也是我迷恋历史或“真实世界”而非“黑板经济学”或“实验经济学”的基本原因，但面对设计如此巧妙合理的实验时我还是心生敬佩。原因之二是这项研究有助于丰富并充实我原有的理论架构，特别是在制度起源与变迁方面，几乎完全可以将其运用于全球公共产品理论的激励机制设计中。原因之三在于它激发了我去思考一些后续研究，比如说把这种实验方法拿到中国某一大学照做一遍，根据结果比对看看国家间在合作问题上有无差异或差异大小，也可以在中国不同地区的高中分别进行实验，以便观察各地区在合作意识程度上的差异，并依此作为各地长期增长差的一个解释变量。

二 一元论与多元论

寻找万事万物的终极原因或给出终极答案，恐怕是绝大多数学人的毕生所求。探寻经济增长渊薮，深究合作起源，挖掘人类理性根基，苦求历史逻辑，冥思终极价值，穷鞫最佳路径，所有类似的努力最后都指向一个目标：一劳永逸地解决所有问题，尽管这很可能超出了人类的智力极限。反观自身，至少在潜意识里我到目前为止所努力追求的目标与之极为近似，而且似乎也没有觉得有什么不妥。然而，更加稳妥的治学策略或许是在坚定地沿着既定目标行进时，也关注一下其他人追求的相异目标。我在此提及的“其他人”中，就包括英国哲学家以赛亚·伯林。在他的著述中贯穿始终的一个根本问题是：所有绝对价值到底是否并行不悖？或者，人生怎么过的问题是不是没有单一的终极答案？人类是不是没有一个客观且放之四海而皆准的理想？在他看来，和自然科学类似，所有西方政治思想都建立在一个基本假定之上，即宇宙拥有单一目的，一切现象背后都有一个统一的根源，一旦找到它，人类的终极问题便有了彻底的答案。伯林将此种认知称为一元论，并指出历史上居于主导地位的也是一元论。而伯林本人则信奉多元论，即坚决拒斥所谓一切价值冲突皆可获得终极解决、一切可欲目标都能相互调和之说，认为社会的核心问题没有所谓的“终极解决”。伯林在《自由四论》《俄国思想家》以及《伯林谈话录》等著作中反复阐述和强调的多元论思想，在中国也是有“同道”的。胡适早在1919年就发表了题为《多研究些问题，少谈些“主义”》的名文，矛头直指那些自以为找到了包治百病的“根本解决”，从此用不着费心力去研究具体问题的解决办法的人。

在哲学层面的一元论和多元论之争，放到经济学尤其是制度经济学中，至少可以表现为关于人类社会性质的辩论：究竟是“各态历经”的还是“非各态历经”的。物理学中的“各态历经”概念，指的是与任何状态的重复发生相联系的概率，有时特指任何状态永远不再发生的概率为零；一个“各态历经”随机过程仅仅意味着根据过去观察计算的平均数不会持续地不同于未来结果的时间平均数。把经济世界视为“各态历经”的世界，可以说是绝大多数经济学家所遵从的、所创造的各种理论或模型的基本假定，此假定对“科学的经济学”尤为关键，因为但凡将经济学变为科学的努力，无不在皓首穷经地找寻那一般性的、终极的原因。在这方面，经济学家德隆·阿西莫格鲁很典型。在《社会科学面临的挑战：制度与经济发展》一文中他谈到，经济学的基本问题在于：为何有富国和穷国而且它们之间的差距还在加大？导致这一现象的“表层原因”是各国在人力资本、物质资本和科学技术上存在差距，“根本原因”则在于制度差异塑造了不同的经济与政治激励，更进一步的“元”问题是制度何以出现差异。为了回答“元”问题，阿西莫格鲁重点分析了三个主要变量：影响物质资本、人力资本、技术、组织形式的经济制度，法理上的和事实上的（反抗或暴动）政治权力，不同组织形式的政治制度（民主或专制及对政治精英的约束），最后给出哪些经济制度和政治制度组合最有利于经济增长的答案。其实这也主要是我多年来抱持的治学宗旨。就差异而言，我或许比阿西莫格鲁更兼顾微观层面的“元”问题，即合作。政治制度或经济制度的本质即为合作。

恰如伯林质疑哲学意义上的一元论，道格拉斯·诺斯对我称之为“阿西莫格鲁式”的经济学一元论十有八九会持否定态度。在《理解经济变迁过程》一书中，诺斯借用了“各态历经”这一物理学概念，进而把人类社会看作是一个“非各态历经”系统，即认为社会各种超常规变化普遍存在，我们曾经和正在创造的社会与过去任何社会相比都是独一无二的。诺斯反对那种把社会视为一种其基本经济结构恒定不变的“各态历经”观念，认为从新石器革命以来一万年人类历史的“各态历经”假说是反历史的。在他眼中，经济史是一个由错误计算导致的饥馑、战败、死亡、经济停滞和衰退，甚至文明消亡的令人沮丧的故事；确实有时候人类把事情做对了，但曾经或当前的成功绝不是事先预知的结果；我们对未来究竟知道多少？还有多少仍属于占星术、预言家以及政治家的领域？在面对“非各态历经”世界中无所不在的不确定时，我们对人类未来的评判或采取的行动应该慎之又慎。显而易见，诺斯在此强调的认知倾向源于古希腊哲学家《赫拉克利特著作残篇》（残篇91）中的名句，即“人不可能两次踏入同一条河”（在“残篇6”中还有意思相近的句子：The sun is new every day），并显示出强烈的否定历史决定论的态度。在这里，我又一次领略到了基本假定的决定性作用：通过挑明经济学家隐含的“各态历经”假定并代之以“非各态历经”假定，我们能够得到的推理结果便可能有天壤之别。

一元论和多元论的争论作为一个话题古已有之。在《前苏格拉底哲学研究》一书中，叶秀山指出古希腊哲学家芝诺与毕达哥拉斯学派之间的争论焦点之一即与此有关，其中令我颇受启发的一点是叶先生特别把“一”与“多”和“元”区分开来。将“元”移植到经济学，其含义大致就是“终极”或“根本”。伯林拒斥的主要在“元”，即不认为有终极原因或“终极解决”；诺斯批判的重点在于“一”，即强调过程的多变性和结果的非单一性。毫无疑问，他们讲的都有道理，而且还对我的研究理念具有某种颠覆性的影响，因为我大体上属于力图通过研究经济史来提炼出长期经济增长之基本途径的研究者。与此同时，我也了然于胸，人虽然不可能两次踏入完全相同的一条河，但完全可能两次踏入非常相似的“两条河”，更普遍的情况是，绝大多数人都会把“它们”看成同一条河。换句话说，我们所处的世界是介于

"各态历经"和"非各态历经"两极之间的世界，"各态历经"和"非各态历经"之间的区别并非泾渭分明。至于是否存在"终极解决"或终极原因，在我看来，与其说它是一个科学问题不如说它是一个信仰问题，全盘否定终极原因的存在弄不好还会滑向"虚无主义"。再退一步讲，寻找终极原因在许多场合构成了科学探索的动力源。我之所以对一元论和多元论着墨甚多，一是意在对具有直接挑战性的见解予以回应；二是借机审视一下自己的治学理念以免走极端；三是给未来的研究重新定位、修正方向。面对相互对立或不相容的理论观点，我的立场仍旧是执两端守中庸，在确认人类所处社会的"非各态历经"性质的同时，尽力去研究"各态历经"程度较高社会的"普遍现象"，或对特殊历史事件的再发现与深挖掘，以求有所发现并给出进一步的解释。

三 尚未杀青的论文

考虑到未来的时间和精力可能实在是有限，故在这里我提一下常年在我脑中萦绕的三个问题，或许哪位有心人感兴趣把它们列入自己的研究计划。

第一个问题是我在写博士论文期间想到的。市场经济大家都熟悉，市场经济中追求利润最大化的企业行为，尤其是企业对政策信号所做的反应，业已成为教科书的标准内容。在研究20世纪80年代南斯拉夫经济时，我注意到本杰明·沃德发表在《美国经济评论》上的论文《伊利里亚的企业：市场工团主义》。对目标函数为人均收入最大化的工人自治企业而言，市场或政策出现变化时，它们的反应完全和市场经济下的企业背道而驰。对标准的国有企业而言，完成计划指标才是头等大事。（如果一个经济体内同时存在上述三种企业并各占产出的1/3，那么对政策制定者而言，什么样的宏观政策才是最有效的呢？）我曾和同事讨论过这个问题而且有了初步的模型，但进一步的工作很可能要由他们或其他感兴趣的人完成了。和这个问题多少有点关系的是如何对中国改革开放取得的巨大成就加以精确测度和描述。常用的衡量标准是GDP总量和人均的增长，这很好，但可不可以更形象、更有说明性？十多年前在读杰里米·阿塔克和彼得·帕塞尔的《新美国经济史：从殖民地时期到1940年》一书时我发现，美国经济学家用19世纪下半叶各地招兵时新兵的身高和体重数据来描述经济增长及其长期效果。这给我留下了极深的印象，以至于我一直想和我国某省某市某县的武装部合作，收集、整理、分析历年入伍新兵的相应数据，通过他们身高体重变化背后的营养和医疗的改进，从一个看得见、摸得着的角度来刻画改革开放带来的巨大变化。接下来的研究和中国不同地区经济增长率差异有关。导致这种情况的原因可能很多，在尽量剔除其他因素后，各地法院对涉商案件的判决与执行质量应该可以反映出地区间制度环境的差异，从而证实表现为公正执法的制度质量对经济长期增长的决定性影响。我知道做这类实证研究不易，但做下去一定趣味无穷。

2003年元旦刚过，我在利比亚出差时，邂逅伊拉克总统萨达姆前顾问并与他聊起美国是否会直接出兵，得到的回答是“肯定直接攻打”。在美国攻打伊拉克并推翻萨达姆政权之前的两个半月，他就说美国的战略意图是在中东找一个国家作为阿拉伯世界民主化多米诺骨牌的第一块并选中了伊拉克，理由竟然不是石油而是水！幼发拉底河和底格里斯河流经伊拉克全境并孕育了古巴比伦文明，也使伊拉克成为中东地区水资源丰富、粮食能够自给的唯一国家，进而也是美国认为“民主化”中东成本最低的选择。从此，这位顾问开启的“水”之话题流入了我的研究视野，并且和额尔齐斯河、澜沧江–湄公河、雅鲁藏布江–布拉马普特拉河等江河大川汇聚在一起，成为我日后思索中国–哈萨克斯坦关系、中国–大湄公河次区域国家（越南、老挝、柬埔寨、泰国、缅甸）关系和中国–印度关系的不可或缺之要素。这也是我想提出的第二个问题。据《2018年联合国世界水发展报告》，近一个世纪全球水资源使用量增加了6倍，世界有36亿人生活在每年至少有一个月可能出现水资源缺乏的地区，这个数字到2050年可能升至57亿。如果说19世纪是煤的世纪，20世纪是油的世纪，那么说21世纪是水的世纪则恰如其分。在缺水的同时，水资源的分布变得更为微妙，因为全球近97%可用水资源位于跨界含水层中。中东、北非、西亚、南亚和拉美，都因为淡水资源的分享问题出现过国家争执甚至兵戎相见。这些年来我一直在有意识地积攒有关水的文献，试图用政治经济学中的外部性、契约不完备、机制设计和集体行动理论等，就跨境河流与湖泊等地表水资源和地下水资源的双边与多边谈判问题，写一篇水资源国际治理的论文。和水有关的不仅是淡水，还有同样具有理论和现实意义的海洋划界问题。10多年前我给学生建议的博士论文选题，就包括对《联合国海洋法公约》的政治经济学分析。20年前我去淄博出差时听当地人讲，李学勤教授曾在淄水故道岸边独自沉思了几十分钟。当10年后我一人流连于额尔齐斯河畔时，才多少算是真正理解了李学勤先生。

在中美大国博弈中，绝大多数经济学家对特朗普的对华贸易政策持批评态度，理由在于他违背了大卫·李嘉图的比较利益理论。在《政治经济学及赋税原理》一书中，李嘉图假设了如下情景：有两个国家，它们所投入的生产要素只是劳动力，并以不同的生产率生产两种同样的产品，且在生产两种产品时的生产率之比不相等；这时只要每个国家专注于生产两种产品中生产率之比相对较高的那种产品并用其与对方交换，那么双方的福利或总收入便都会增长。李嘉图这一不容置疑的贸易理论在2004年受到了美国经济学家保罗·萨缪尔森的强力挑战。在一篇题为《李嘉图和穆勒在什么地方反驳或证实了支持全球化的主流经济学家的观点》的论文中，他“雄辩地”论证说，李嘉图模型在不考虑技术进步时是成立的，然而一旦将技术进步纳入分析，该模型便会失去戴在头上的放之四海而皆准的光环。萨缪尔森以美中两国为例论证说，如果中国的生产率提高到使两国在生产两种产品时生产率之比完全相等的水平，则它们各自的比较优势便消失了，美国和中国又回到了贸易发生前的自给自足状态。此时尽管两国都不再享有贸易收益，但由于技术进步提高了中国人均收入，最终美国实际人均收入将遭受持久损害。萨缪尔森还补充说，这类情景在经济史上屡见不鲜，比如1850年后制造业霸主的权杖就逐步转移到了美国，其间即使领先国的经济仍保持增长，但其增速因为低工资的竞争对手和技术模仿者所掀起的逆风而变得迟缓。其实萨缪尔森对自由贸易的怀疑在他学术生涯开始时就埋下了种子。1941年，他和乌尔夫冈·斯托尔珀合著的《保护主义与实际工资》一文就论证了关税将提高受保护产品的相对价格进而增加该受保护产品密集使用要素的收入，如果受保护的是劳动密集型产品，那么工人的工资将上涨。这一后被称为“斯托尔珀–萨缪尔森定理”的理论，实际上已经暗示了贸易保护主义存在的理由。

从逻辑上讲，萨缪尔森的上述论证在严格假定下极为严密、无懈可击。他写作此文恰逢中国加入世界贸易组织后赶超美国的加速期。该文发表后的一年即2005年，按市场汇率计算，中国的GDP达到日本的一半，2010年超过日本而成为仅次于美国的全球第二大经济体，2014年GDP的体量相当于两个日本。中国如此亮丽的经济表现，多少也显示出萨缪尔森对中美两国竞争态势的“远见卓识”。更为重要的是，他的论文真正为特朗普政府奉行的对华贸易政策提供了“深厚”且“坚实”的理论基础。尤其值得一提的是，萨缪尔森在假定中国出口部门生产率相对美国大幅度提升时说，那是由于“外生”的原因。把“外生”这个词放在今天中美经贸关系语境中，不可避免地会触及与技术转移相关的丰富语义，并且很容易被贸易保护主义者当作攻击中国的弹药。由此，对特朗普政府的单边保护主义政策的驳斥，就需要转化为对萨缪尔森理论的批判。我的第三个问题便落脚于此。比如“萨缪尔森情景”既可以发生在美国身上，也完全可能发生在中国身上。还比如他的模型完全假定掉了劳动和资本等生产要素的跨国流动，同时对美元霸权给美国带来的好处讳莫如深。再比如，两国贸易“停止”或“萎缩”既可以来自中国劳动生产率的“外生”的快速提升，也可以来自美国劳动生产率“内生”的大幅下降，埃德蒙·费尔普斯在《大繁荣：大众创新如何带来国家繁荣》一书中对束缚甚至扼杀创新的美国“市场工团主义”有过深入分析。也许更具根本性的是，“萨缪尔森情景”生存在一个交易成本为零的假象世界，一旦进入真实的交易成本大于零的世界，一切都可能面目全非。在写了一篇短文后，我决定再写一篇论文，以求更加理论化地对“萨缪尔森情景”加以讨论。这些便是我和白洁副教授正在合作撰写的学术论文《贸易理论的进化与大国之间的竞争》的大致内容。

拾

学术历程的感想汇流：总结、反思与分享

一 漫谈对策研究

世经政所作为政府智库，自然要承担许多对策研究。由于所写的是学术自传，故我不打算详细谈论过去30多年所做的对策研究。考虑到对策研究和学术研究之间存在着密切而复杂的联系，我在此简单地谈几点感受。

首先，优秀的对策研究一定是建立在扎实的理论或学术研究，尤其是理论或学术训练基础之上的。《以赛亚·伯林书信集》（卷1·下册）收录了作于“二战”期间的一篇很精彩的研究报告（一定是保密期过后才被允许公开发表的），当时伯林作为外交官被派往英国驻华盛顿使馆工作。为了更明智、更巧妙地与美国政府谈判，英国外交部让这位哲学家以“美国人反感英国人的种种方面”为题撰写报告。伯林后来在报告中归纳了美国人讨厌英国的地方，包括英国人拥护帝国主义，英国等级制度刻板守旧，英国身居高位的尽是些无能低效之辈，英国人过于精明机敏、说话不直截了当、高高在上自以为是、势利傲慢，英国某些书籍和电影影响很坏等，竟有23条之多。1942年报告发出后伯林回国休假，又被召到外交部和情报部就此进行了专门汇报。做好政府部门提出的“命题作文”只是智库职能的一部分，更大的考验还在于能否明察秋毫之末，自主地识别出将会对国家利益产生重大影响的趋势或事件，做出准确评估并提出对策建议。尼尔·弗格森在《广场与高塔：网络、阶层与全球权力竞争》一书中讲到，美国前总统艾森豪威尔听说时任美国总统尼克松任命基辛格为美国总统国家安全事务助理时评价说：基辛格是一位教授，人们要求教授们做研究却从不对其委以重任。然而就是这位学者出身的顾问，在与时任捷克斯洛伐克国际政治与经济研究所所长施奈达雷克交谈时，敏锐地嗅出苏联东欧集团极为担心美国与中国私下酝酿“交易”，最后据此构想出了1972年“打开”中国大门进而彻底改变了世界地缘政治格局的对策。敏锐来自持久的关注和多年的学术研究积累。当然，基辛格最终能够成功地从学者转型为国务活动家，还和天赋、运气有关。

其次，对策研究在很多时候扮演了理论研究之推动力和引导力的角色。1940年前后，美国加入同盟国，对轴心国开战已是大势所趋，而战争又和财政及军工生产唇齿相依。据《经济增长理论史：从大卫·休谟至今》一书作者沃尔特·罗斯托所述，西蒙·库兹涅茨在1940年可以说是“被迫”地卷入了国民收入统计这一行当，写出了本领域划时代著作之一《国民收入和资本构成》，甚至于1942—1944年间担任了美国战时生产委员会计划统计局的副局长，后来成为美国国民收入核算领域的领军人物，并因此项贡献获得诺贝尔经济学奖。对于库兹涅茨因研究重心转移而中断对技术创新在经济增长中的核心作用的研究，罗斯托的评价是“这简直就是灾难”。不过我并不这样看，因为这是一个典型的实践（现实需要）出真知（系统化解决方案）的例子。让本尼迪克特名扬四海的《菊与刀》那本书，同样脱胎于她承接的一项政府研究项目，可谓库兹涅茨故事在社会学-人类学领域内的翻版，结果是开创了至少是拓展了比较人类文化学这一人类学分支。罗伯特·奥曼在接受采访时回忆说，20世纪60年代早期，博弈论创始人之一奥斯卡·摩根斯坦等人在普林斯顿创立政策咨询公司（Mathematica），1964年开始与美国军备控制和裁军署（ACDA）开展合作研究，并于1965年开始参加美苏一系列军控和裁军谈判的相关研究。正是在完成各种“课题”的过程中（其中一个就是在美苏双方都不知道对方拥有多少核武器的情况下如何最优化自身利益），1966—1968年奥曼将不完全信息条件引入了博弈论并发展出了不完全信息重复博弈理论，后于2005年主要因此项贡献获得诺贝尔经济学奖。也许最有说服力的例子还是凯恩斯经济学的创立过程。由于深入且频繁地介入政府事务，也由于学识渊博，还由于性情与天分，凯恩斯遇见一系列“价值连城”的问题，让它们开花并结出了丰硕的思想果实。这些在罗伯特·斯基德尔斯基撰写的《凯恩斯传》中几乎随处可见。

第三，高质量对策研究同样需要严格的职业要求和强烈的敬业精神。我曾经访问过美国著名智库兰德公司，发现在其总部前台旁的墙上醒目地写着兰德公司高质量研究的十条标准：合理界定问题，明确研究目的；精心设计研究方法并严格遵循之；研究必须考虑其他相关研究成果；所运用的数据和信息必须易于获得；假设必须明确且经过论证；成果必须在对知识有所增进的同时与重大政策议题相关；政策建议应逻辑清晰、论证充分、解释完整；表述需准确、易于理解、结构合理、语气温和；研究需激发决策者或利益攸关者的兴趣且有实用价值；研究必须客观、独立和不偏不倚。这十条标准之所以让我产生刻骨铭心之感，是因为它们的遵循者都是我们的竞争对手啊。说到最后一条标准，其历史“教训”颇为深刻。《人·岁月·生活：爱伦堡回忆录》一书，记述了这位苏联著名记者在苏军取得首场反攻胜利后与德军俘虏的那段对话。在听了爱伦堡评论德军作战指挥败笔后，德国间谍回应道：你以为我们不知道你们的后备队吗？施特罗姆将军不仅知道你们各师团的番号，还了解你们的人员和装备情况；然而，当情报部门报告苏军师团抵达科捷利尼科沃附近时，情报没有进一步上报到集团军司令部；扎尔穆特将军说过，大本营不喜欢收到类似的情报；禀报元首是危险的——将军的名字将同不愉快的事情联系起来；结果，我们不如说是在捏造情报，施特罗姆将军欺骗扎尔穆特将军，后者又欺骗凯特尔将军，凯特尔将军则欺骗元首；德国就是被拴在这条链子上而坠入深渊的。以色列情报组织摩萨德前官员戴维·阿尔贝尔和对情报学颇有研究的记者兰·埃德利，在《西方情报机构与苏联解体》一书中亦对此类现象进行了深刻反思：整个西方情报界面对苏联解体时目瞪口呆的主要原因之一，就在于情报人员为得到决策者的关注而倾向于向政治阶层的观点和希望靠拢，即便评估可靠，那些政客们也只喜欢符合自己世界观或政治议程的情报。这两个例子将法西斯德国和西方情报机构之失败的制度因素暴露无遗。

最后一点我想说明的是，服务于群体决策的对策研究，在整个进行过程中恰当把握社会利益、国家-民族利益、人类共同利益之间的微妙平衡绝非易事。从方法论上讲，对策研究者因注重群体利益（无论是社会或国家或人类的利益）而成为方法论集体主义者，即承认存在着超越个人利益的集体利益。但由于所覆盖的人口规模不同，特别是人们对自身所属群体之集体利益的感知或认知强度亦有差异，故集体利益往往至少在逻辑上也有层次区别。人们常说的“大道理管小道理”和“顾全大局”等都包含了这个意思。按此逻辑，在人类共同利益面前国家利益似乎应该退居次位。“二战”结束后为了审判轴心国战犯，战胜国美、苏、英、法依据《纽伦堡原则》宣判处以12名纳粹战犯绞刑（“东京审判”依据的也是该原则）。六条原则中的第四条写道：依据政府或上级命令行事的人，假如他能够进行道德选择的话，不能免除其国际法上的责任。这意味着在国家之上存在着国际道义或人类道义，个人不仅负有国家义务而且还负有国家义务之上的国际义务。但与此同时，我们也目睹了太多的霸权国家在普世价值和国际道义大旗掩护下谋取一己之私的勾当。美国前情报技术雇员爱德华·斯诺登2019年刚出版的自传《永久记录》，其核心思想之一就是把自身痛苦纠结又深思熟虑后的选择置于后经联合国大会公布的《纽伦堡原则》之下，证明他有义务违犯美国法律以阻止反人类罪行的发生。然而现实却是斯诺登在全球遭到美国司法部门的通缉，理由是他违法并损害了美国国家利益。霸权国美国屡屡使用双重标准处理国际关系的行径，彰显了国内不同利益集团之间讨价还价、国家层面上的“美国第一”诉求和国际舞台上的机会主义，并最终因塞缪尔·亨廷顿在《失衡的承诺》一书中讨论过的国际行为而名誉扫地。与之相关的还有一种“看不见的手”理论的扩展板：国家谋求自身利益最大化乃致使整个人类福利水平提升的条件。

二 点滴治学心得

在2009年年中离开亚太所回到世经政所前不久，我和亚太所中青年研究人员聊过一次国际问题研究，特别谈到了所谓的“三位一体法则”，即一个领域、一个国家、一位学者。社会科学纷繁复杂，如果没有重点，则很容易迷失在由众多学科分支组成的学术丛林之中。解决办法是盯住一个研究领域，像国际贸易、国际金融、国际政治经济学、亚太合作机制、东北亚安全、南亚历史文化等，任何一个都行。每一个学科领域都有一批思想领袖或领军人物。这些人学术造诣深厚，无一没有自己的理论体系。依照自己的研究兴趣和分析特长，在所属领域内选定一位大师级人物作为重点跟踪对象，搞懂弄通掌握其理论精髓和分析方法，对将来形成自己的分析框架极有必要。所依托的学术传统不牢不厚从而难以在了解消化吸收他人成果的基础上形成自己的研究框架，是在学术道路上走不远的基本原因。因为做的是国际问题研究，光专注于某一研究领域还不够，还需要锁定一个国家作为自己长期关注的空间对象。每个人可以根据自己的兴趣和语言优势来挑选研究对象国，印度、印度尼西亚、巴基斯坦、泰国、柬埔寨、韩国、澳大利亚、日本、尼泊尔、美国等，任何一个国家都可以。职业化国际问题研究如果没有特定的国家载体，弄不好就容易空泛，更重要的是，挑选对象国研究的结果是我们同时研究两个国家——对象国加中国，因为作为中国的研究人员，关注中国是我们的本分。我的体

2015年，张宇燕（中）在韩国首尔演讲后与听众互动

会是，研究或理解两个国家要比专盯一个国家容易。任何两个国家都有相似之处也有不同之点，这会让我们自觉或不自觉地在比较中变得敏感、好奇心加重、印象更深以致理解升华。这有点像下围棋，首先要有一块“活棋”，尽管有了它也不能保证最后赢棋。后来我对“三位一体法则”又做了拓展，使之变成“一二三四法则”，即一个领域、两个国家（中国+对象国）、三位学者（紧盯一位不够）、四本期刊（重点跟踪阅读），并与青年同事和学生分享。

我的这些话其实更是说给自己听的。可能是由于兴趣太过广泛，用一句话概括自己的研究领域实在困难重重。如果非要如此，我就用前文提到过的长期经济增长。如果允许对“研究领域”边界进行扩充的话，我非常乐意给我心目中的“长期经济增长”前面加上一段很长的定语：其根基在于特定的制度安排，其学术传统源远流长，其涉及学科流派种类繁多，从中可以引出的问题五花八门……比较而言，我关注的主要国家要容易界定得多，它们是中国与美国，这也可以从我在美国进修工作三年多、出入美国二三十次的经历中得到说明。不过话也得说回来，即便是聚焦中国与美国，对国际政治经济舞台上其他的大小玩家也决不可轻描淡写。俄罗斯、欧盟甚至尼泊尔、吉布提等，它们当中的任何一个都可能成为中国乃至世界的“利益攸关方”。和“一个研究领域”类似，仅给出自己特别关注的三位学者的名字真有些勉为其难。如果硬要说的话，他们是孟子（轲）、马克思、奥尔森。提及他们，绝非意味着我“搞懂弄通掌握”了他们的思想，而是说他们的思想在我的研究中留下了深深的烙印。仅就现代经济学而言，我读得比较多的人还有诺斯、布坎南，特别喜欢的经济学家是熊彼特、谢林和西蒙。西蒙视宇宙为最深层愉悦之源泉，志在破译藏于其中之大美并公之于众，使自己永远处于找寻主要且令人怦然心动问题的状态，称过度简化和狭隘分科为“必要罪恶”，其言其行令人击节赞叹。至于“四本期刊”，老实讲我没能始终如一地坚持阅读，提出这一点除了想表达自己对年轻科研人员的期待外，也有“凑四”的动机，但不管怎么说，如果能够持之以恒地阅读特定的四本专业杂志，那么你一定可以从中获益匪浅。我在不同时期读的相对多些的中文杂志包括《世界经济》《世界经济与政治》《国际经济评论》《经济研究》《经济学（季刊）》《比较》；翻阅的英文期刊有《比较经济学杂志》《经济问题杂志》《公共选择》《法与经济学杂志》《国际组织》，以及美国国家经济研究局（NBER）的系列工作论文。

对研究领域的选择，具体来说，如何搜寻有价值的问题，从某种意义上决定着学术研究所能够达到的高度。究竟何为有价值的或重要的问题？在我看来，它们无非是那些能够拨动你心灵之弦并可能被普遍关注的问题，是那些一旦意识到它的存在便难以忘怀的问题，是那些在你学术生涯中持久地引领你前行的问题，是那些经过认真思考后很有可能会使自己在观念上和行为上脱胎换骨的问题。究竟该如何发现或识别出它们？阅读最具跨学科色彩的历史著作从某种意义上讲可被视为一种捷径。在此我想特别提一提汪丁丁教授。在《思想史基本问题》一书的自序里他写道，在人类知识的版图上，不熟悉全貌的人很难对问题的重要性有所感受，而教育的核心价值之一就是熏陶学生们对于重要问题的敏感性。他还说到，任何学问的正确开端是且仅是这一学问的思想史。对此我深以为然。回想起来，我在北大经济系上的经济学思想史和世界经济地理那两门课，不仅对我后来选择与文字和思想为伍起了不小的作用，也对我登高望远开阔视野起到了某种奠基性作用。仅就我个人而言，普遍涉猎既是兴趣与性格使然，同时也是为了在阅读中发现和提炼好问题。一旦阅读量和理解力超越了特定的临界点，阅读便进入“收益快速递增”区间，即阅读质量随着阅读数量的增加而呈现出几何级数增长。当然，仅读万卷书还不够，还需要行万里路。不过据我体会，古人讲的“行万里路”所指并非出游本身，而意在会友交友，尤其是结识高人。换言之，许多至少对自己具有原创价值的问题，都是在交流辩论中被撞击出来的。只有当你致力于做真实世界的经济学研究时，你才能真正体会到“留心处处皆学问”这句话的深刻含义，也才会从不断的发现中获得持久的愉悦感。

绝大多数经济学家内心深处的梦想是有朝一日经济学能够比肩物理学。虽说我没有这样的奢望，因为觉得既无可能也无必要，但我对物理学一直充满敬意倒是真的。说到物理学家，除了前面提到过的那些人外，还有一位就是意大利的恩利克·费米。我最早听说他是因为以他的名字命名的“费米思维”：他居然在第一颗原子弹试爆40秒后震波传到所在营地时，通过观察抛向空中的碎纸屑计算出核弹爆炸当量为1万吨TNT炸药。这也太神奇了。为了核实此事的真实性，我特别找了埃米利奥·赛格雷的《原子舞者：费米传》来读，没想到却另有收获。在书中，作者介绍了费米对物理学研究路径的归纳和创新途径。在费米看来，不同的物理学家喜爱物理学不同的方面。有些物理学家努力寻求的是最基础的普遍原理，有些只猎取新的现象，有些偏爱测量的精确性，还有些热衷于改善仪器或技术。基于此，物理学研究大致可分为以下三类：发现全新的现象、现行理论的证实与应用、材料和普通常数的精确测量。费米的此番说法具有某种一般性，从相当意义上讲可以作为经济学研究的参照系。《美国经济评论百年经典论文》显示，被选中的20篇论文无一例外地满足了费米对物理学的归纳，他们中有人执着于探究普遍的经济规律，也有人热衷于解释偶然或小概率事件，另有人注重现实描述和经济预测的准确性，还有人喜好改良或创建计量分析工具。不仅如此，经济学同样可以大致分为三类研究：发现全新的研究领域或问题，比如罗伯特·蒙代尔对“最优货币区理论”的研究；现行理论的证实与运用，比如罗伯特·卢卡斯对“产出—通胀权衡的若干国际证据”

的讨论；分析工具和数据的精确测量，比如西蒙·库兹涅茨对“经济增长与收入不平等”问题的关注。由此看来，说经济学是物理学的“派生物”也不是没有道理的。再补充一句，《原子舞者：费米传》的作者赛格雷是费米的学生，该书中文版序言是费米的另一个名叫杨振宁的学生写的，而费米本人又是马克斯·珀恩的学生。这四位“师徒”物理学家都得过诺贝尔物理学奖。这一现象应该具有一般性：伟人都是在伟人圈子里长大的。

在阅读意大利学者加塔诺·莫斯卡的《统治阶级》时，我注意到该书英文版译者阿瑟·列文斯顿在其长篇序言中引述了意大利另一位历史哲学家克罗齐的话：思想家们的原创性不依赖于他们看到了别人没有看到的东西，而经常在于他们强调某个或某些人们习以为常的现象或事物。不言而喻，莫斯卡就属于这类思想家。在这位以《统治阶级》一书占据政治学界名流席位的意大利政治家兼学者眼中，人性在人类经验被文字记载了三千多年的基础上，应该能够相当完整地展示出它的一般特征、基本倾向和法则，以便让历史学家通过观察而发现它们，而历史的价值恰好就表现于此，否则历史不过就是娱乐或无目的之行为。历史可能通过特定的事例更直截了当地向我们展示人性的内在倾向，而坚定地秉持这一信念的莫斯卡自认为已经把握住了这种人性倾向：人类社会总是被少数人统治；人类社会具有不断进步的倾向；较快的阶级循环对社会进步是必要的；整个人类文明的历史就是由统治阶级和其竞争者之间的斗争谱写的。不过强调阶级和阶级斗争的大有人在，比如托克维尔在《旧制度与大革命》中就讲过：你可以举出各种事例来反驳我，但我谈的是阶级，唯有阶级才能占据历史。再比如，马克思和恩格斯在《共产党宣言》中说得更直白：至今一切社会的历史都是阶级斗争的历史。我之所以在此提及克罗齐的这句话，主要是因为它指出了我的一个治学“盲点”，即一个我以前从未认真思考过的问题。不言而喻，任由兴趣和好奇心引领去做研究，与坚守某一领域或对某一问题刨根问底、循环拷问，是迥异的治学策略。

三　爱好、错谬与感念

既然前面说到了个人爱好，这里就聊上两句。叶秀山先生的《中西智慧的贯通》文集里收录了一篇谈读书方式的文章。叶先生把读书方式区分为两大类，即“坐式的”与“卧式的”，前者指的是读专业书时的姿势，后者则指读非专业书时的样子。专业研究之余，我想我最大的爱好就是读那些可以卧读抑或更愿卧读的“闲书”。研究生毕业后我整本通读下来的小说就很少了，书评倒是看了很多，这一是和时间稀缺有关，二是和文艺批评家中高手如云有关，以致觉得读书评比看原作更过瘾，当然这其中不包括《脂砚斋重评石头记》和《金圣叹评点〈水浒传〉》。说到读小说，孙广振曾给我讲过一段轶事。在澳大利亚莫纳什大学跟随杨小凯拿到博士学位后，他出于对德国哲学的敬慕去了德国马克斯-普朗克研究所做博士后。当他主动提及德国哲学话题后，德国教授建议他先去阅读歌德、海涅和黑塞等大作家的作品。孙广振说这一建议让他受益匪浅。对此我亦感同身受。雨果在《九三年》中描写的那一幕，即被关押在自己城堡地牢里的朗德纳克侯爵和他那背叛自己阶级的侄子郭文关于“革命”的对话，无疑是理解埃德蒙·伯克的《法国大革命沉思录》的一个绝佳注脚（这话反过来说可能也对）。凡是读过奥斯特洛夫斯基的《钢铁是怎样炼成的》和帕斯捷尔纳克的《日瓦戈医生》的人，都极可能对两位作家在述说同一历史片段时各自的视角与情绪之差别如此巨大感到困惑，以至于自觉或不自觉地去进一步思考。主要研究对象为国际大国的我，至今仍坚持读些外国小说或看精品电影的主要理由之一也在于此。其他的业余爱好也就是打桥牌了。从美国任职回来后由于人难凑齐又耗时间，最近十几年几乎不打了，只是每每见到《中国日报》首先翻看的一定是登有桥牌的那一版。桥牌和经济学中的长期增长问题有点类似，一旦迷上，其他所有类似的游戏或题目马上就变得索然无味了。

在《经济学大师的人生哲学》一书中，第一批诺贝尔经济学奖获得者简·丁伯根（其弟尼可拉斯·丁伯根4年后获诺贝尔生理学或医学奖）谈道，如果不谈论个人爱好那就根本谈不上什么自传。这句话对写学术自传者而言，或许可以改为不谈论自己的疏漏与错误就根本不是什么学术自传。在博士论文的一个注释里我曾把“投票悖论”也视为“制度悖论”产生的潜在原因之一，而提及“投票悖论”时我竟然把18世纪法国著名数学家和社会学家孔多塞的名字错译成“康多西特”。2005年我在《经济快速增长和社会稳定》一文中曾大段引用了托克维尔在《旧制度与大革命》中的话：一旦法律压力减轻，那些忍受着最难以忍受之法律的人们就将它猛力抛弃，被消除的流弊似乎更容易使人觉察到尚未被消除的那些流弊，于是人们情绪更加激烈。我将其称为“托克维尔效应”。后来为了写一篇有关美国的著作，我开始重读1991年读过的《后工业社会的来临》，结果竟看出了一身冷汗。丹尼尔·贝尔在这本出版于1973年的著作中便已经提到，托克维尔描述的现象“现在通称为‘托克维尔效应’”，而当时的我还在这句话下面画了线并做过批注。纯粹是出于纠正潜移默化式的错误，事后我专门补写了一篇文章。3年前特朗普入主白宫之际我发表了题为《特朗普的成功及其限度：兼论中美经贸关系》的长文，其中的一个基本判断是，尽管中美之间在贸易投资领域不可避免地存在分歧与争端，而且未来4年会比前两任政府时期更加严重，但中美全面贸易战打不起来。在今天看来，我当时做出的这一判断与后来中美经贸摩擦的高烈度事实之间的差距还是显而易见的。在此我只是举几个至今仍旧“耿耿于怀”的例子，类似问题一定还有不少，将来恐怕也难以杜绝。至少对我而言，写作是一个展示自我的过程，而所展示的既可能是才华，也可能是平庸、无知与愚蠢。

在《历史的话语：现代西方历史哲学译文集》中有一篇汤因比的《我的历史观》。他写道：“一个学者的毕生事业，就是要把他那一桶水添加到其他学者无数桶水汇成的日益增长的知识巨流中去。”这句话我多年前读到后便摘录了下来，最近几天写学术自传时，它一下子又冒了出来而且挥之不去。之所以如此，我想原因恐怕在于，汤因比用这句话既形象地、谦逊地总结了自己一生的学术追求与成就，也简洁地、含蓄地点明了一位职业研究者应有的目标与被社会所期待的贡献，还间接地、无情地对每一位学人或读书人进行了心灵拷问：你究竟为人类日益增长的知识巨流添加了多少水？从知识或思想增量的角度看，我自认为贡献微乎其微。我深知创新不易，甚至像维特根斯坦那样颠覆了传统哲学思考路径的人都在《文化与价值》一书中表达过如下想法：必须说新东西，可是它肯定全是旧的。这一事实的确令人沮丧，这也是我经常提醒那些答辩者在谈及自己论文创新点时需慎之又慎的原因。然而，如果从自我意识与人生价值的角度看，我从事学术研究30多年倒是收获颇丰，因为对知识的追求实实在在是一种审美经历的体验与创造，与故去的巨人和在世的智者进行充满激情的思想交流与对话，实乃人生一大乐事。对绝大多数与自己类似的读书人来说，做学问的愉悦恐怕不全在甚至主要不在提出原创性成果，因为心怀问题的思考和寻求答案的过程本身常常是充满乐趣的，因为阅读是一个向你提供发现和欣赏思想之美的过程，因为长期执着于某一项探索可能是赋予本无意义的，至少是意义不明确的人生以某种意义的有效途径之一，正如爱因斯坦在普朗克60岁生日庆祝会的祝词中所讲：将人们引向艺术和科学最强烈的动机是摆脱日常生活中的粗俗、无聊和个人欲望枷锁。即便是充分地意识到人生有限学海无涯这一多少有些令人心生“荒诞感”的现实，我至少还可以借《胡适谈读书》中的一句话自得其乐：“怕什么真理无穷？进一寸有一寸的欢喜。”就以胡适这后半句话做这本学术自传的篇名好了。

结　语

作为一个“计划外”产物，写这篇学术自传——或许更准确的说法是述说自己的学术生涯——的初衷是对自己的研究工作和治学体会做个总结，但多少有些出乎预料的是，随着写作不断深入延展，特别是为了引用的准确性而不断翻阅从前读过的书和所做的笔记，我仿佛是在和人生不同时段的自己交流对话，心中洋溢着无限的喜悦。写作越是接近尾声，我越是觉得自己的学术生涯在真正地开启，越是对未来满怀憧憬。20多年前读《兰姆随笔选》时，有一篇题为“退休者”的散文让我难以忘怀。为了表述准确，当然也是为了重温当年阅读查尔斯·兰姆诙谐洒脱文字的快乐，我还特地把他的书翻找出来。关于退休生活，他写道：那是一桩天高地厚的恩典，我明白自己交上了好运，像是一个缺乏时间的穷汉突然有了一大笔收入；我那可怜的余年，长也罢短也罢，至少应该乘以3，这可是按照规规矩矩的比例法计算的；人一旦事务缠身便失其灵性，在沉思默想中度日才是我由衷向往之事。我和兰姆类似，同样向往能够拥有更多自由支配时间的未来生活；和他相异的是，今年将满60周岁的我并未打算完全退休，而是希望再教10年到20年甚至更长时间的书，并陆续采撷各项日渐成熟的思想果实。对已经踏上且沿着学术之路行进多年的人而言，彻底淡出职业生涯已绝无可能。当然，即便是真正开启学术生涯并用心投入，对能够收获何等学术成果我则胸无成竹。好在教书类似于买保险，即便此生学无所成，做一个学生认可的老师，也可聊以自慰了。在这之后，我也期待有一天能真正像兰姆描绘的那样：坐在沙漠中的绿洲里，静候岁月悠然来临。

2020年1月25日动笔于北京东城四书斋，4月5日完成初稿，5月4日定稿。